RECUEIL

DE PLANCHES,

SUR

LES SCIENCES,

LES ARTS LIBÉRAUX,

ET

LES ARTS MÉCHANIQUES,

AVEC LEUR EXPLICATION.

MENUISIER EN VOITURE
SELLIER - CARROSSIER

A PARIS,

AVEC APPROBATION ET PRIVILEGE DU ROY.

MENUISIER EN VOITURES,

CONTENANT TRENTE PLANCHES.

PLANCHE Iere.

LE haut de cette Planche repréſente un attelier de Menuiſier en voitures, où ſont pluſieurs ouvriers occupés à différens ouvrages; l'un en *a*, à corroyer le bois; un autre en *b*, à percer des trous; un autre en *c*, à ébaucher une courbe; & un autre en *d*, à refendre une planche: le reſte de l'attelier eſt garni de caiſſes de différentes voitures & de différentes formes. On voit au-delà de l'attelier, en *e*, le chantier de menuiſerie.

Le bas de la Planche repréſente l'élévation latérale d'une berline, voiture à quatre places.

PLANCHE II.

Berline à la Françoiſe.

Fig. 1. Elévation par-devant d'une berline à la françoiſe.
2. Elévation par-derriere de la berline.
3. Coupe tranſverſale vue du devant de la berline.
4. Coupe tranſverſale vue du derriere de la berline. *Voyez* pour ces quatre figures les explications des voitures qui ſont à la fin.

PLANCHE III.

Berline avec partie des détails.

Fig. 1. Coupe longitudinale de la berline.
2. Plan de l'impériale de la berline.
3. Plan du fond de la berline. *Voyez* pour ces trois figures les explications des voitures qui ſont à la fin.
4. 5. 6. & 7. Piés-corniers de devant & de derriere. A A & les tenons du haut. B B & les couliſſes. C C & les rainures des panneaux. D D & les tenons du bas.
8. 9. 10. & 11. Montans latéraux de devant & de derriere. A A & les tenons du haut. B B & les couliſſes. C C & les rainures des panneaux. D D & les tenons du bas.
12. 13. 14. & 15. Montans à croſſe de devant & de derriere. A A & les tenons du haut. B B & les couliſſes. C C & les rainures des panneaux à croſſe. D D & les tenons du bas.

PLANCHE IV.

Berline. Détails.

Fig. 1. & 2. Brancards. A A & les mortoiſes des traverſes.
3. 4. 5. & 6. Traverſes de brancard. A A & les tenons. B B & les feuillures.
7. Traverſe du milieu de derriere. A A les tenons.
8. Traverſe du milieu de devant. A A les tenons.
9. & 10. Petits montans de devant. A A les tenons du haut. B B les tenons du bas. C C les feuillures.
11. & 12. Accotoir à croſſe de derriere. A A & les tenons. B B les mortoiſes des montans à croſſe.
13. & 14. Traverſes de milieu des portes. A A les tenons. B B feuillures des glaces.
15. & 16. Accotoirs à croſſe de devant. A A & les tenons. B B les mortoiſes des montans à croſſe.
17. Traverſe du haut de derriere. A A les tenons.
18. & 19. Petites traverſes du haut de devant. A A les tenons.
20. Grande traverſe du haut de devant. A A les tenons.
21. & 22. Petites traverſes latérales du haut des panneaux à croſſe de derriere. A A les tenons.
23. & 24. Traverſes latérales à croſſe du haut des panneaux de glaces à croſſe de derriere. A A les tenons.
25. & 26. Traverſes de milieu, latérales, du haut. A A les tenons.
27. & 28. Traverſes latérales à croſſe du haut des panneaux de glaces à croſſe de devant. A A les tenons.
29. & 30. Petites traverſes latérales du haut des panneaux à croſſe de devant. A A les tenons.
31. & 32. Traverſes du chaſſis d'impériale.
33. & 34. Pieces de long du chaſſis d'impériale.
35. 36. 37. 38. 39. 40. 41. & 42. Cerces tranſverſles de l'impériale. A A & les pattes.
43. Cerce longitudinale. A A les pattes.
44. Demi-rond longitudinal ſervant de bordure à l'intérieur du chaſſis de l'impériale.
45. Demi-rond tranſverſal du même chaſſis d'impériale.

PLANCHE V.

Berline. Détails.

Fig. 1. 2. 3. & 4. Couliſſeaux à feuillures ſervant à démonter les glaces. A A & les feuillures. B le haut. C le bas.
5. & 6. Couliſſeaux ſimples. A le haut. B le bas.
7. Chaſſis de glace du devant de la berline. A A les montans. B B les traverſes.
8. Coupe du chaſſis de glace. A la feuillure.
9. 10. 11. & 12. Petits panneaux pour les couliſſes à croſſe arrêtés de clous d'épingles.
13. & 14. Panneaux latéraux.
15. & 16. Chaſſis de glace des portes. A A & les montans. B B & les traverſes.
17. & 18. Couvercles des ſieges.
19. Planche ſervant de ſupport aux ſieges.
20. & 21. Taſſeaux à feuillure de ſupports de ſiege.
22. & 23. Taſſeaux à rainure.
24. & 25. Petits ſupports à patte du ſiege.
26. Planche du doſſir.
27. & 28. Planches latérales de la cave.
29. Planche de devant de la cave.

PLANCHE VI.

Berline. Profils.

Fig. 1. & 2. Profils du milieu des brancards de différentes montures. A A les feuillures de la porte.
3. & 4. Profils de l'un des bouts des brancards. A A les rainures des panneaux.
5. Coupe de l'une des traverſes de milieu des brancards. A A les feuillures.
6. Profils du bout de la même traverſe. A A les feuillures. B le tenon.
7. & 8. Profils des traverſes de devant & de derriere. A A les feuillures. B B les feuillures des panneaux.
9. Profil de l'une des deux traverſes précédentes vue par ſon tenon. A la feuillure. B la feuillure du panneau. C le tenon.
10. 11. 12. & 13. Profils des piés-corniers de devant & de derriere à feuillure extérieure. A A & les feuillures.
14. 15. 16. & 17. Profils de piés-corniers de devant & de derriere à feuillure intérieure. A A & les feuillures.
18. 19. 20. & 21 Profils de piés-corniers de devant & de derriere à rainure. A A & les rainures.

PLANCHE VII.

Berline. Profils.

Fig. 1. 2. & 3. Plans du haut, du milieu, & du bas d'un couliſſeau de devant à rainure ſimple. A la rainure.
4. 5. & 6. Plans du haut, du milieu, & du bas d'un couliſſeau de devant à rainure double. A la rainure

simple. B la rainure double servant à démonter le chassis de glace.

7. 8. & 9. Plans du haut, du milieu, & du bas d'un coulisseau de montant à rainure simple. A la rainure.

10. 11. & 12. Plans du haut, du milieu, & du bas d'un coulisseau de montant à rainure double. A la premiere rainure simple. B la rainure double.

13. 14. & 15. Plans du haut, du milieu, & du bas d'un des coulisseaux de crosse à rainure simple. A la rainure.

16. 17. & 18. Plans du haut, du milieu, & du bas d'un coulisseau de crosse à rainure double. A la premiere rainure. B la seconde.

19. 20. & 21. Coupes du haut, du milieu, & du bas d'un coulisseau. A la traverse à moulure du haut. B la traverse à moulure du milieu. C partie du brancard. D la rainure. E la languette du coulisseau. F la languette de la traverse du milieu. G partie du panneau. H le panneau de fermeture.

22. 23. & 24. Coupes du haut, du milieu, & du bas d'un battant de porte. A la traverse du haut. B la traverse du milieu. C la traverse du bas. D la rainure. E la languette du coulisseau. F la languette de la traverse du milieu. G la partie du panneau. H le panneau de fermeture.

25. 26. & 27. Plans du haut, du milieu, & du bas d'un battant de porte à rainure double. A la rainure simple. B la rainure double. C la moulure. D la feuillure du battant.

28. 29. & 30. Plans du haut, du milieu, & du bas d'un battant de porte à rainure simple. A la rainure simple. B la moulure. C la feuillure du battant.

31. & 32. Plans des petits montans de devant. A A les moulures. B B & partie de la traverse du bas.

PLANCHE VIII.

Berline. Profils.

Fig. 1. & 2. Profils des montans à crosse de derriere & de devant.

3. Profil de la traverse de devant du haut.

4. Profil de la traverse de derriere du haut.

5. 6. 7. & 8. Profils des traverses à crosse du haut.

9. Profil de la traverse à crosse du milieu. A la traverse. B la moulure. C la languette. D la partie du coulisseau. F la partie du montant.

10. Profil de la traverse de devant, du milieu. A la traverse. B la moulure. C la languette. D la partie du panneau. E la partie du coulisseau. F la partie du montant.

11. Profil de la traverse de derriere du milieu. A la traverse. B la moulure. C C les parties des panneaux. D D les parties de montans.

12. & 13. Coupe du chassis d'impériale. A le dessus. B le demi-rond servant de bordure. C la rainure des traverses du haut.

14. & 15. Ajustemens des cerces d'impériale moitié par moitié.

16. & 17. Plans d'un chassis de glace. A A les montans. B B la traverse. C C les rainures.

18. Plan du haut d'un pié-cornier de devant, tel qu'il s'entaille dans le chassis d'impériale. A le pié-cornier. B partie de la traverse du devant. C partie de la traverse latérale.

19. Plan du haut du coulisseau du montant de devant. A le coulisseau. B la partie de la traverse latérale.

20. Plan du haut du coulisseau du montant de derriere. A le coulisseau. B partie de la traverse latérale.

21. Plan du haut d'un pié-cornier de derriere tel qu'il s'entaille dans le chassis d'impériale. A le pié-cornier. B partie de la traverse de derriere. C partie de la traverse latérale.

22. & 23. Plans des deux piés-corniers de devant joints aux coulisseaux des petits montans de devant, tels qu'ils s'entaillent dans l'épaisseur du chassis d'impériale. A A le pié-cornier. B B les parties des traverses latérales. C C partie de la traverse de devant. D D les coulisseaux des petits montans de devant.

PLANCHE IX.

Diligence à l'Angloise.

Fig. 1. Elévation latérale d'une diligence angloise.

2. Elévation en face de la même diligence.

3. Coupe de la diligence.

4. Plan de la diligence.
      On peut voir pour ces quatre figures les explications des voitures qui sont à la fin.

5. Chassis du siege. A A les supports. B la traverse.

PLANCHE X.

Diligence à l'Angloise. Détails.

Fig. 1. & 2. Piés-corniers de derriere. A A les tenons du haut. B B les mortoises du milieu. C C les courbures. D D les tenons qui doivent entrer dans les brancards.

3. & 4. Montans garnis de leurs coulisseaux. A A les tenons du haut. B B les mortoises du milieu. C C les tenons du bas.

5. & 6. Piés-corniers de devant. A A les tenons du haut. B B les mortoises du milieu. C C les courbures. D D les tenons du bas.

7. & 8. Deux coulisseaux à rainures simples & doubles. A A les rainures.

9. & 10. Panneaux de côté de derriere.

11. & 12. Tasseaux à patte du siege.

13. & 14. Petits panneaux des coulisses à crosse.

15. & 16. Chassis de glaces. A A & les montans. B B & les traverses.

17. Porte vue par-dedans. A la traverse du haut. B B les montans. C C les panneaux de clôture.

18. Piece de long du chassis d'impériale.

19. Traverse du chassis d'impériale.

20. & 21. Traverses de brancards. A A & les tenons.

22. & 23. Brancards. A A & les mortoises.

24. & 25. Coulisseaux à rainure des sieges.

26. Planche du siege.

27. Planche servant de support au siege.

PLANCHE XI.

Vis-à-vis demi-Anglois.

Fig. 1. Elévation latérale d'un vis-à-vis demi-anglois.

2. Elévation en face du même vis-à-vis.

3. Coupe longitudinale du vis-à-vis.

4. Coupe transversale du vis-à-vis.
      Voyez pour ces quatre figures les explications des voitures qui sont à la fin.

5. & 6. Brancards du vis-à-vis. A A & les mortoises.

7. 8. & 9. Traverses des brancards. A A & les tenons.

PLANCHE XII.

Vis-à-vis. Détails.

Fig. 1. 2. Piés-corniers. A A les tenons du haut. B B les mortoises du milieu. C C les courbures. D D les tenons du bas.

3. 4. 5. & 6. Montans latéraux. A A & les tenons du haut. B B les mortoises du milieu. C C les courbures. D D les tenons du bas.

7. 8. 9. Coulisseaux à rainures simples & doubles. A A les rainures.

10. 11. Montans à crosse. A A les tenons du haut. B B les rainures. C C les tenons du bas.

12. 13. Pieces de long d'un chassis d'impériale.

14. 15. Traverses de chassis d'impériale.

16. 17. Petits panneaux des coulisses à crosse.

18. Chassis de glace. A A les montans. B B les traverses.

19. Plan d'un des montans du chassis. A A les tenons.

20. Traverses du chassis précédent. A A les tenons.

21. 22. Accottoirs à crosse de devant. A A & les tenons.

23. 24. Traverses du milieu des portes. A A & les tenons.

25. 26. Accottoirs à crosse de derriere. A A & les tenons.

27. Dossier. A A les barres.

28. Planche du siege de devant.

29. 30. 31. 32. Tasseau à coulisse du devant & du der-

riere , fervant de fupports aux fieges. A A & les rainures.

33. 34. Panneaux latéraux.

35. Planche du fiege de derriere.

PLANCHE XIII.

Défobligeante à l'Angloife.

Fig. 1. Elévation latérale d'une défobligeante à l'angloife.

2. Elévation en face de la même défobligeante.

3. Coupe longitudinale de la défobligeante.

4. Plan de la défobligeante.

Voyez pour ces quatre figures les explications des voitures à la fin.

5. 6. Couvercle de la cave.

PLANCHE XIV.

Défobligeante à l'Angloife. Détails.

Fig. 1. 2. Elévation perfpective des portes. A A les traverfes du haut. B B & les battans. C C les traverfes du milieu. D D les traverfes du bas. E E les panneaux de clôture.

3. Plan du haut de la défobligeante à la hauteur de l'impériale. A A les piés-corniers de devant. B B les piés-corniers de derriere. C C les montans de devant. D D les montans de derriere. E E les montans à croffe. F la traverfe du devant. G la traverfe de derriere. H H les traverfes au-deffus des portes. I I les traverfes au-deffus des petits panneaux de devant. K K les traverfes au-deffus des glaces à croffes L L les traverfes du deffus des panneaux à croffe.

4. Panneau latéral.

5. Panneau à croffe.

6. Chaffis de glace du devant. A A les montans. B B les traverfes.

7. Plan de l'une des couliffes. A la rainure pour la glace.

8. Panneau de devant.

9. Planche du fiege.

10. 11. Montans des portes. A A les tenons du haut. B B les rainures du haut. C C les mortoifes de milieu. D D les rainures du bas.

12. 13. Panneaux latéraux de la cave.

14. Cerces de l'impériale affemblés.

PLANCHE XV.

Caleche.

Fig. 1. Elévation latérale d'une caleche.

2. Elévation en face de la caleche.

3. Coupe longitudinale de la caleche.

4. Plan de la caleche.

Voyez pour ces quatre figures les explications des pieces des voitures à la fin.

5. 6. 7. Traverfes du brancard. A A & les tenons.

PLANCHE XVI.

Caleche. Détails.

Fig. 1. 2. Pieces de long du chaffis d'impériale.

3. 4. Traverfe du chaffis d'impériale.

5. 6. Courbes à croffe ou accottoirs de derriere de la caleche. A A & les tenons.

7. 8. Courbes fervant de traverfes du haut , ou portes de derriere de la caleche. A A & les mortoifes.

9. 10. Courbes à confoles du devant. A A les volutes. B B les tenons.

11. 12. Courbes fervant de traverfes du haut aux portes de devant de la caleche. A A les mortoifes.

13. Panneau de doffier.

14. 15. 16. 17. Montans à verge de fer. A A & les pointes.

18. 19. Panneaux latéraux de derriere.

20. 21. Panneaux de portes de derriere.

22. 23. Panneaux de portes de devant.

24. 25. Panneaux latéraux de devant.

26. 27. Montans latéraux de devant. A A les tenons.

28. 29. Montans latéraux de derriere. A A les tenons.

30. 31. Montans latéraux de milieu. A A les tenons.

32. 33. Supports de fieges à feuillures. A A les feuillures.

34. Panneau de derriere.

35. Planche du fiege de devant.

36. Planche du fiege de derriere.

37. Support du fiege de derriere.

38. 39. Taffeaux à patte. A A les pattes.

PLANCHE XVII.

Diable.

Fig. 1. Elévation latérale d'un diable.

2. Elévation en face du diable.

3. Coupe longuitudinale du diable.

4. Plan à la hauteur d'appui du diable.

Voyez pour ces cinq figures les explications des voitures à la fin.

6. Planche du fiege.

PLANCHE XVIII.

Diables. Détails.

Fig. 1. Panneau de derriere.

2. 3. Pieces de long du chaffis d'impériale.

4. 5. Traverfes latérales. A A & les tenons. B B les mortoifes du milieu.

6. Traverfe d'impériale de derriere.

7. Traverfe d'impériale de devant.

9. 10. 11. 12. 13. 14. Cerces tranfverfales de l'impériale. A A & les pattes.

15. Cerces longitudinales. A A les pattes.

16. 17. Montans du milieu. A A les tenons du haut. B B les mortoifes du milieu. C C les tenons du bas.

18. 19. Supports à rainure du fiege. A A les rainures.

20. 21. Piés-corniers de derriere. A A les tenons du haut. B B les mortoifes du milieu. C C les courbures. D D les tenons du bas.

22. Panneau de devant.

23. 24. Panneaux latéraux.

25. Planche de clôture de la cave.

26. 27. Planches latérales de la cave.

28. 29. Taffeaux à pattes du fiege. A A les pattes.

PLANCHE XIX.

Chaife de pofte.

Fig. 1. Elévation latérale d'une chaife de pofte.

2. Elévation en face d'une chaife de pofte.

3. Coupe longitudinale de la chaife de pofte.

3. Plan de la chaife de pofte.

Voyez l'explication de ces quatre figures à l'explication des pieces des voitures à la fin.

5. Chaffis du fiege. A la traverfe de derriere. B B les troverfes latérales.

PLANCHE XX.

Chaife de pofte. Détails.

Fig. 1. 2. Brancards. A A & les mortoifes.

3. 4. 5. 6. Traverfes des brancards. A A & les tenons.

7. 8. Petits panneaux des couliffes à croffe.

9. 10. Montans à croffe. A A les tenons du haut. B B les couliffes. C C les tenons du bas.

11. 12. Piés-corniers de devant. A A les mortoifes du haut. B B les mortoifes du milieu. C C les tenons du bas.

13. 14. Montans. A A les mortoifes d'en-haut. B B les mortoifes du milieu. C C les tenons du bas.

15. 16. Piés-corniers de derriere. A A les tenons du haut. B B les mortoifes du milieu. C C les courbures. D D les tenons.

17. 18. Pieces de long du chaffis d'impériale. A A les mortoifes.

19. 20. Traverfes du chaffis d'impériale. A A & les tenons.

21. L'une des cerces tranfverfales. A l'entaille du milieu. B B les pattes.
22. Cerce longitudinale. A l'entaille du milieu. B B les pattes.
23. 24. Traverfes de milieu. A A & les tenons. B B les mortoifes du milieu.
25. Chaffis de glace à croffe. A le montant courbe. B le montant droit. C la traverfe.
26. Plan du montant du chaffis. A la rainure.
27. Chaffis de glace latéral. A A les montans. B B les traverfes.
28. Plan du montant du chaffis. A la rainure.
29. Chaffis de glace de devant. A A les montans. B B les traverfes.
30. Plan du montant du chaffis. A la rainure.
31. 32. Montans courbes de la portiere du devant. A A les onglets du haut. B B les onglets du bas.
33. 34. Traverfes du bas de la portiere pour joindre les montans courbes aux montans droits. A A les tenons.
35. 36. Traverfes du haut & du bas de la portiere. A A & les tenons.

P L A N C H E XXI.

Cabriolet.

Fig. 1. Elévation latérale d'un cabriolet, le devant étant à foufflet & le derriere dormant.
2. Elévation en face du cabriolet.
3. Coupe longitudinale du cabriolet.
4. Plan des brancards du cabriolet.
　　Voyez pour ces quatre figures l'explication des pieces des voitures à la fin.
5. Chaffis du fiege. A la traverfe de derriere. B B les traverfes latérales.

P L A N C H E XXII.

Cabriolet. Détails.

Fig. 1. 2. Brancards. A A & les mortoifes des traverfes.
3. 4. 5. 6. Traverfes des brancards. A A & les tenons.
7. 8. Traverfes du haut. A A & les tenons.
9. 10. 11. 12. Traverfes à couliffe des chaffis à verre. A A les mortoifes. B B les couliffes des chaffis à verre. C C les tenons.
13. 14. Chaffis à verre des côtés. A A les montans. B B les traverfes.
15. Lunette à couliffe de derriere. A A les montans. B B les traverfes.
16. 17. Montans. A A les tenons du haut. B B les tenons du bas.
18. 19. Piés-corniers. A A les mortoifes du haut. B B les mortoifes de milieu. C C les tenons du bas.
20. 21. Petits montans des barres à couliffe du chaffis à lunette de derriere. A A les tenons.
22. 23. Barres du chaffis à lunette de derriere. A A les mortoifes. B B les couliffes. C C & les tenons.
24. 25. Traverfes de derriere du cabriolet. A A & les tenons.
26. Traverfe du haut de la portiere. A A les tenons.
27. Traverfe du bas de la portiere. A A les tenons.
28. Traverfe du devant du chaffis d'impériale.
29. Traverfe de derriere du chaffis d'impériale.
30. 31. Pieces de long du chaffis d'impériale. A A les mortoifes.
32. 33. Accottoirs. A A les mortoifes. B B les tenons.
34. 35. Montans courbes de la portiere. A A les onplets.
36. 37. Montans courbes dormans. A A les tenons du haut. B B les tenons du bas.
38. 39. Aîles faites pour augmenter l'efpace vuide du cabriolet, pour pouvoir y contenir quatre perfonnes. A A & montans des aîles. B B les traverfes. C C les panneaux.

P L A N C H E XXIII.

Carroffe de jardin à quatre places.

Fig. 1. Elévation latérale d'un carroffe de jardin à quatre places.

2. Coupe tranfverfale du même carroffe de jardin.
3. Plan du même carroffe.
　　Voyez pour ces trois figures l'explication des pieces des voitures à la fin.

P L A N C H E XXIV.

Carroffe de jardin à quatre places. Détails.

Fig. 1. & 2. Brancards. A A & les mortoifes. B B les volutes.
3. 4. 5. 6. 7. Traverfes des brancards. A A & les tenons. B B & les feuillures.
8. 9. Piés-corniers de derriere. A A les mortoifes. B B les courbes. C C les tenons.
10. 11. Piés-corniers de devant. A A les mortoifes. B B les courbes. C C les tenons.
12. 13. Montans courbes de derriere. A A les tenons du haut. B B les courbes. C C les tenons du bas.
14. 15. Courbettes de derriere. A A les tenons. B B les clés.
16. 17. Accottoirs courbes de devant. A A les tenons. B B les courbures. C C les volutes.
18. 19. Accottoirs courbes de derriere. A A les tenons. B B les courbures. C C les volutes.
20. Traverfe du haut de derriere. A A les tenons.
21. Traverfe du bas de derriere. A A les tenons.
22. Traverfe du haut de devant. A A les tenons.
23. Traverfe du bas de devant. A A les tenons.
24. Traverfe du chaffis du fiege de derriere. A A les tenons. B la feuillure.
25. 26. Traverfes latérales du chaffis du fiege de derriere. A A les mortoifes. B B les feuillures.
27. Traverfe de chaffis du fiege de devant. A A les tenons. B la feuillure.
28. 29. Traverfes latérales du chaffis du fiege de devant. A A les mortoifes. B B les feuillures.
30. Planche du fiege de devant.
31. 32. Barres de fupports des fieges.
33. 34. 35. 36. Taffeaux à patte des barres de fupports des fieges. A A & les pattes.
37. Planche du fiege de derriere.

P L A N C H E XXV.

Carroffe de jardin à une place.

Fig. 1. Elévation latérale d'un carroffe de jardin à une feule place.
2. Elévation en face du même carroffe.
3. Coupe longitudinale du même carroffe. *Voyez* pour ces trois figures les explications des voitures à la fin.
4. 5. Piés-corniers de derriere du carroffe de jardin. A A les tenons du haut. B B les montans. C C les courbes. D D les piés.
6. 7. Accottoirs à volute. A A les tenons. B B les volutes.
8. 9. Traverfes du bas. A A & les tenons.
10. 11. Piés-corniers de devant. A A les tenons. B B les courbures. C C les piés.
12. 13. Traverfes du bas. A A & les tenons. B B les feuillures.
14. Traverfe de derriere du bas. A A les tenons.
15. Traverfes de derriere du haut chantournées. A A les tenons.
16. 17. Traverfes du chaffis d'impériale.
18. 19. Pieces de long du chaffis d'impériale. A A & les tenons.

P L A N C H E XXVI.

Chaife à porteur.

Fig. 1. Elévation latérale d'une chaife à porteur.
2. Elévation en face de la même chaife à porteur.
3. Coupe longitudinale de la chaife à porteur.
4. Plan de la chaife à porteur.
　　Voyez pour ces quatre figures les explications des pieces des voitures à la fin.

5. Plan

Plan du chaſſis du ſiege. A la traverſe de derriere.
BB les traverſes latérales. CC les feuillures.

PLANCHE XXVII.

Chaiſe à porteur détaillée.

Fig. 1. 2. Brancards. AA & les montans. BB & les volutes.

3. 4. 5. Traverſes des brancards. AA & les tenons. B
B & les feuillures.

6. 7. Piés-corniers de derriere. AA les tenons du haut.
BB les mortoiſes du milieu. CC courbures. DD
les tenons du bas.

8. 9. Montans du milieu. AA les tenons du haut. BB
les mortoiſes du milieu. CC les tenons du bas.

10. 11. Piés-corniers de devant. AA les tenons du haut.
BB les mortoiſes du milieu. CC tenons du bas.

12. 13. Traverſes latérales du haut. AA & les tenons.
BB & les courbures.

14. 15. Traverſes du haut à croſſe. AA & les tenons.
BB & les courbures.

16. 17. Accottoirs à croſſe. AA & les tenons. BB &
les parties de croſſe.

18. 19. Traverſes latérales. AA & les tenons.

20. Traverſe du haut de derriere. AA les tenons.

21. Traverſe du milieu de derriere. AA les tenons.

22. Traverſe du bas de derriere. AA les tenons.

23. Traverſe du haut de la portiere. AA les tenons.

24. Traverſe du milieu de la portiere. AA les tenons.

25. Traverſe du bas de la portiere. AA les tenons.

26. 27. Battans de la portiere. AA les mortoiſes du haut.
BB les mortoiſes du milieu. CC les mortoiſes
du bas.

28. 29. Pieces de long du chaſſis d'impériale. AA & les
mortoiſes.

30. 31. Traverſes du chaſſis d'impériale. AA & les tenons.

32. Entretoiſe longitudinale des cerces d'impériale. AA
les pattes. BBB les entailles.

33. 34. 35. Cerces tranſverſales d'impériale. AA & les
pattes. BB les entailles.

36. 37. Montans à croſſe. AA les tenons du haut. BB
les courbures.

PLANCHE XXVIII.

Outils, rabots à moulures.

Fig. 1. Guillaume à filet chanfriné. A le rabot. B le fer.
C le coin.

2. Fer du guillaume à filet chanfriné. A le taillant. B
la tête.

3. Mouchette à joue. A le rabot. B le fer. C le coin.

4. Mouchette droite. A le rabot. B la joue. C le fer.
D le coin.

5. Coin de la mouchette droite.

6. Fer de la mouchette droite. A le taillant. B la tête.

7. Mouchette ronde. A le rabot. B le fer. C le coin.

8. Fer de la mouchette ronde. A le taillant. B la tête.

9. Coin de la mouchette ronde.

10. Mouchette à double baguette. A le rabot. B ie fer.
C le coin.

11. Fer de la mouchette à double baguette. A le taillant.
B la tête.

12. Bouvet à chaſſis. A le rabot. B le fer. C le coin.

13. Fer du bouvet à chaſſis. A le taillant. B la tête.

14. Coin du bouvet à chaſſis.

15. Ratiſſoire à rainure. A le rabot. B le fer. C la vis.

16. Truſquin. A le plateau. B la tige. C la pointe. D le
coin.

17. Mouchette à grain d'orge. A le rabot. B le fer. C le
coin.

18. Fer de la mouchette à grain d'orge. A le taillant. B
la tête.

19. Truſquin à ceintre. A le plateau. B la tige. C la
pointe. D le coin.

20. Pointe du truſquin.

N°. 13.

PLANCHE XXIX.

Outils, rabots à moulures.

Fig. 1. Mouchette à petite quarre. A le rabot. B le fer.
C le coin.

2. Coin de la mouchette.

3. Fer de la mouchette. A le taillant. B la tête.

4. Mouchette à grand quarre. A le rabot. B le fer. C
le coin.

5. Fer de la mouchette. A le taillant. B la tête.

6. Guillaume à quarre. A le rabot. B le fer. C le coin.

7. Coin du guillaume.

8. Fer du guillaume. A le taillant. B la tête.

9. Mouchette à brancard. A le rabot. B le fer. C le
coin.

10. Fer de la mouchette. A le taillant. B la tête.

11. Tarabiſco à moulure. A le rabot. B le fer. C le coin.

12. Fer du tarabiſco. A le taillant. B la tête.

13. Mouchette à double baguette. A le rabot. B le fer.
C le coin.

14. Fer de la mouchette à double baguette. A le taillant.
B la tête.

15. Bouvet à rainure de deux pieces. AA les rabots. BB
les tiges de conduite. CC les coins. D le fer. E le
coin.

16. Bouvet tierſpié à languette. A le rabot. B le fer. C
le coin.

17. Fer du bouvet. A le taillant. B la tête.

18. Bouvet à noix. A le rabot. B le fer. C le coin.

19. Coin du bouvet.

20. Fer du bouvet. A le taillant. B la tête.

21. Mouchette ceintrée. A le rabot. B le fer. C le coin.

22. Fer de la mouchette ceintrée. A le taillant. B la tête.

23. Guillaume. A le rabot. B le fer. C le coin.

24. Coin du guillaume.

25. Mouchette ronde ceintrée à joue. A le rabot. B le
fer. C le coin. D la joue.

26. Fer de la mouchette. A le taillant. B la tête.

27. Coin de la mouchette.

PLANCHE XXX.

Calibres.

Fig. 1. Calibre de pié-cornier de devant de berline.

2. Calibre de pié-cornier de derriere.

3. 4. Calibres de bâtons de portieres.

5. 6. Autres calibres de piés-corniers.

7. 8. 9. Calibres de couliſſeaux.

10. Calibre de panneaux à croſſe.

11. 12. Calibres de panneaux à contre-croſſe.

13. 14. Calibres des grandes & petites cerces d'impériale.

15. Calibre de traverſes de chaſſis d'impériale.

16. Calibre de pieces de long de chaſſis d'impériale.

17. Calibre de traverſes à croſſe.

18. Calibre de traverſes de portieres.

19. 20. Calibres de traverſes de contre-croſſe.

21. Calibre de traverſes de derriere.

22. Calibre de traverſes de devant.

23. 24. Calibres de panneaux contre-croſſe.

25. Calibre de brancard.

26. Calibre de fiege.

Explication des pieces de voitures.

A brancard.

B traverſe de brancard.

C cave.

D pié-cornier de devant.

E pié-cornier de derriere.

F montans de devant.

G montans latéraux de devant.

H montans latéraux de derriere.

I montans à croſſe de devant.

K montans à croſſe de derriere.

L traverſe du haut de devant.

B

M traverſe du haut de derriere.

N traverſe du milieu de devant.

O traverſe du milieu de derriere.

P traverſe du bas de devant.

Q traverſe du bas de derriere.

R traverſe latérale du haut des portieres.

S traverſe latérale du haut des contre-croſſes.

T traverſe latérale du haut des croſſes.

U traverſes latérales dites *accottoirs à croſſe*.

V battant des portieres.

X traverſe du haut des portieres.

Y traverſe du milieu des portieres.

Z traverſe du bas des portieres.

a longerſe des chaſſis d'impériale.

b traverſe des chaſſis d'impériale.

c cerce longitudinale d'impériale.

d cerce tranſverſale d'impériale.

e panneau de devant.

f panneau de derriere du haut.

g panneau de derriere du bas.

h barre du panneau de derriere du haut.

i panneau latéral de devant.

k panneau latéral de derriere.

l panneau de portieres.

m couliſſe de glace.

n tablette de ſiege.

o devant de ſiege.

p couvercle de ſiege.

q panneau de clôture de glace.

r traverſe ſupérieure de milieu du devant.

s lunettes.

t conſolles.

u accottoirs à volutes.

x aîles.

Pl. I.

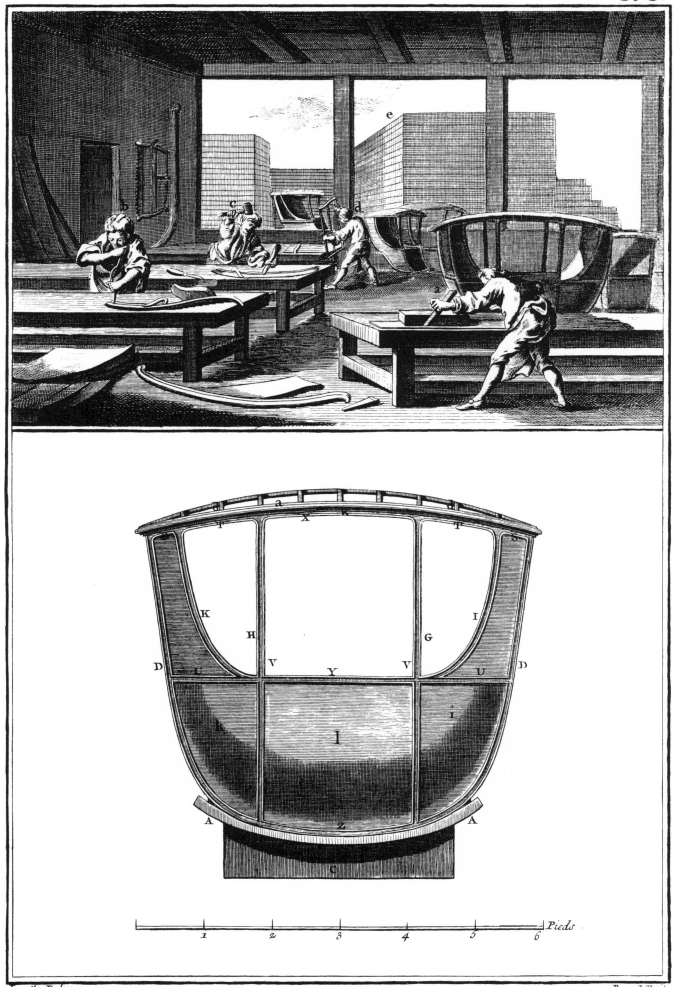

Menuisier en Voitures, Berline.

Pl. II.

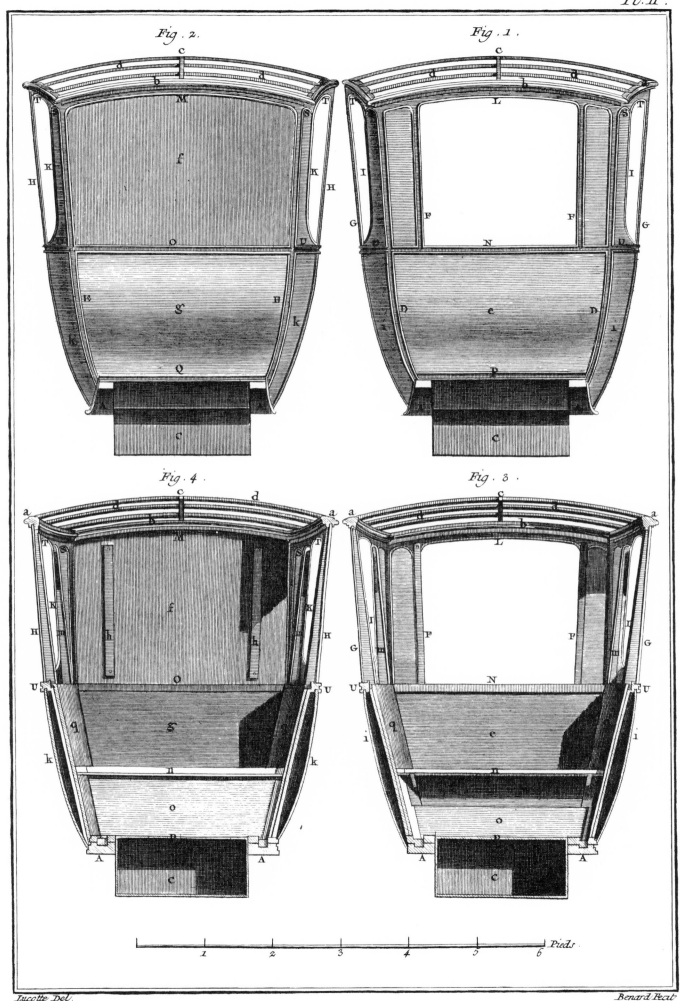

Fig. 2. Fig. 1.

Fig. 4. Fig. 3.

Pieds

1   2   3   4   5   6

Jucotte Del. Benard Fecit

Menuisier en Voitures, Berline à la Francaise

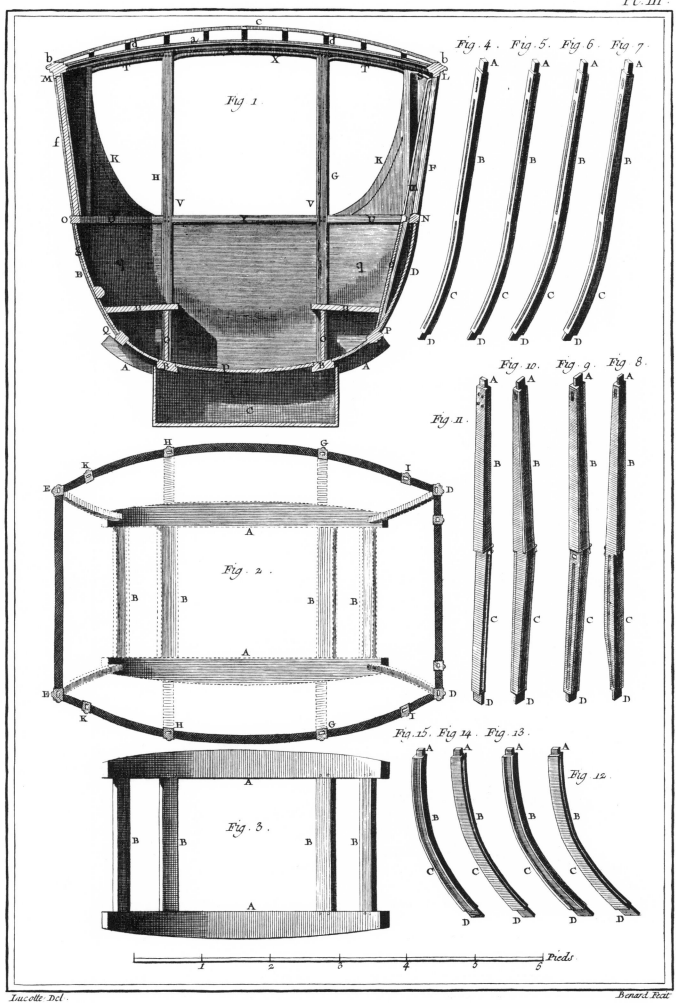

Pl. III.

Fig . 4 . Fig . 5 . Fig . 6 . Fig 7 .

Fig 1.

Fig . 10 . Fig . 9 . Fig . 8 .

Fig . 11 .

Fig . 2 .

Fig . 15 . Fig 14 . Fig . 13 .

Fig . 12 .

Fig . 3 .

Pieds

1 2 3 4 5

Lucotte Del .

Benard Fecit

Menuisier en Voitures, Berline a la Française, Détails.

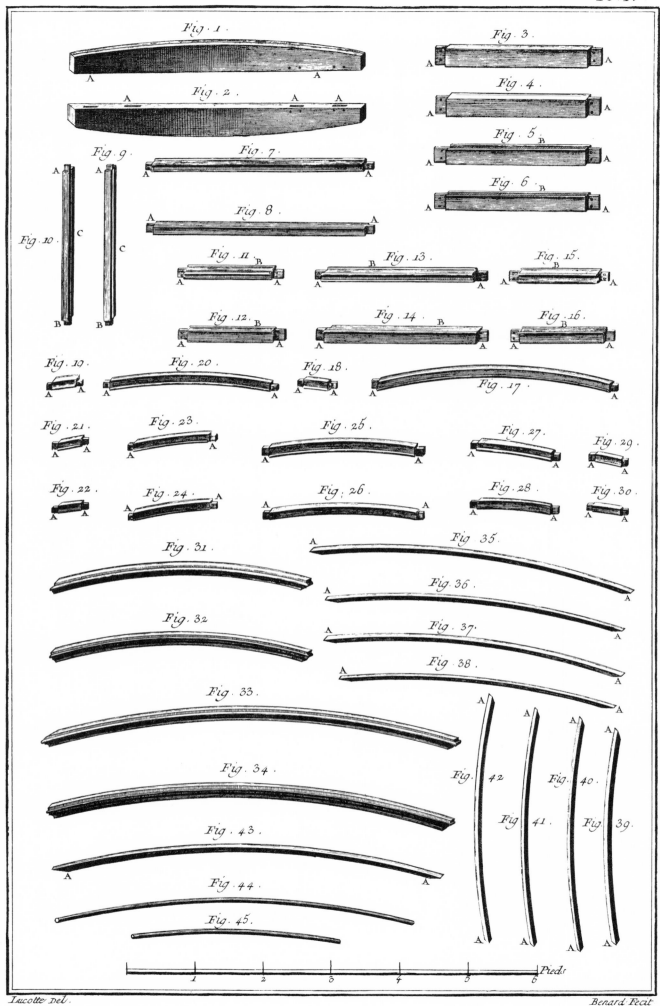

Pl. IV.

Fig. 1.

Fig. 3.

Fig. 2.

Fig. 4.

Fig. 9.

Fig. 7.

Fig. 5.

Fig. 10.

Fig. 6.

Fig. 8.

Fig. 11.

Fig. 13.

Fig. 15.

Fig. 12.

Fig. 14.

Fig. 16.

Fig. 19.

Fig. 20.

Fig. 18.

Fig. 17.

Fig. 21.

Fig. 23.

Fig. 25.

Fig. 27.

Fig. 29.

Fig. 22.

Fig. 24.

Fig. 26.

Fig. 28.

Fig. 30.

Fig. 31.

Fig. 35.

Fig. 36.

Fig. 32.

Fig. 37.

Fig. 38.

Fig. 33.

Fig. 42.

Fig. 40.

Fig. 34.

Fig. 41.

Fig. 39.

Fig. 43.

Fig. 44.

Fig. 45.

Pieds

1   2   3   4   5   6

Lucotte Del.

Benard Fecit.

Menuisier en Voitures, Berline à la Française, Détails.

Pl. V.

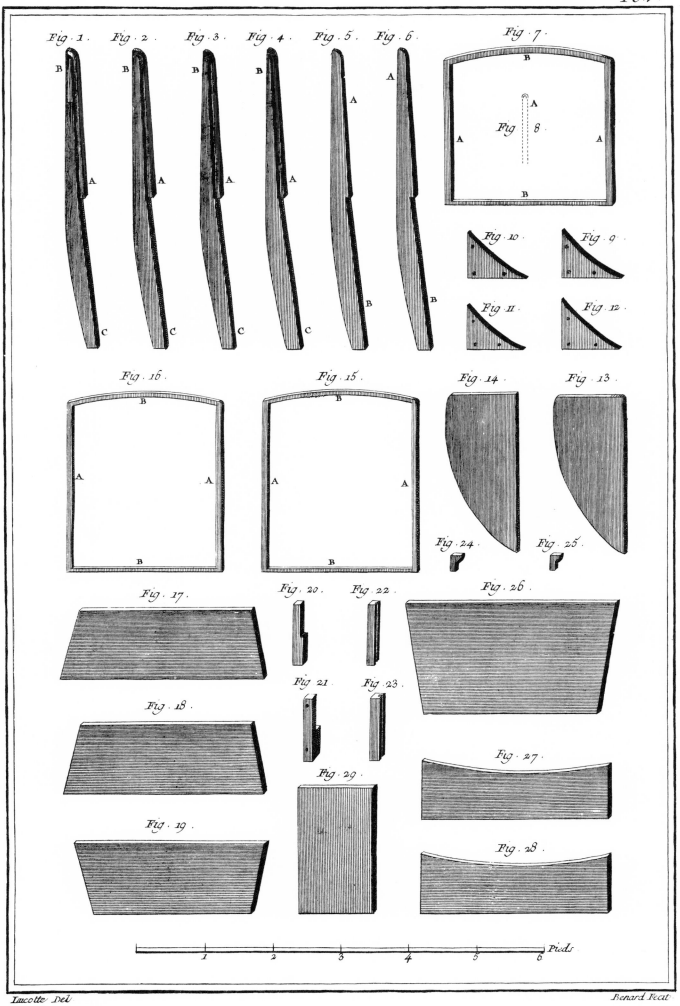

Fig. 1. Fig. 2. Fig. 3. Fig. 4. Fig. 5. Fig. 6. Fig. 7. Fig. 8. Fig. 9. Fig. 10. Fig. 11. Fig. 12. Fig. 13. Fig. 14. Fig. 15. Fig. 16. Fig. 17. Fig. 18. Fig. 19. Fig. 20. Fig. 21. Fig. 22. Fig. 23. Fig. 24. Fig. 25. Fig. 26. Fig. 27. Fig. 28. Fig. 29.

Pieds
1 2 3 4 5 6

Lucotte Del.

Benard Fecit.

Menuisier en Voitures, Berline à la Française, Détails.

Pl. VI.

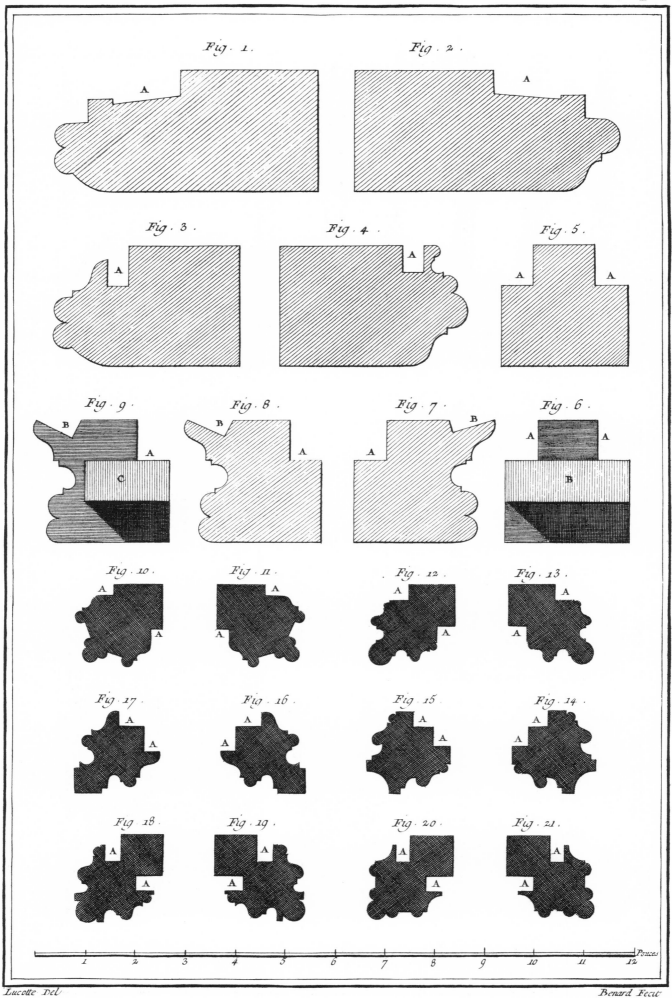

Fig. 1. Fig. 2. Fig. 3. Fig. 4. Fig. 5. Fig. 9. Fig. 8. Fig. 7. Fig. 6. Fig. 10. Fig. 11. Fig. 12. Fig. 13. Fig. 17. Fig. 16. Fig. 15. Fig. 14. Fig. 18. Fig. 19. Fig. 20. Fig. 21.

Lucotte Del.

Benard Fecit.

Menuisier en Voitures, Berline à la Française, Détails.

Pl. VII.

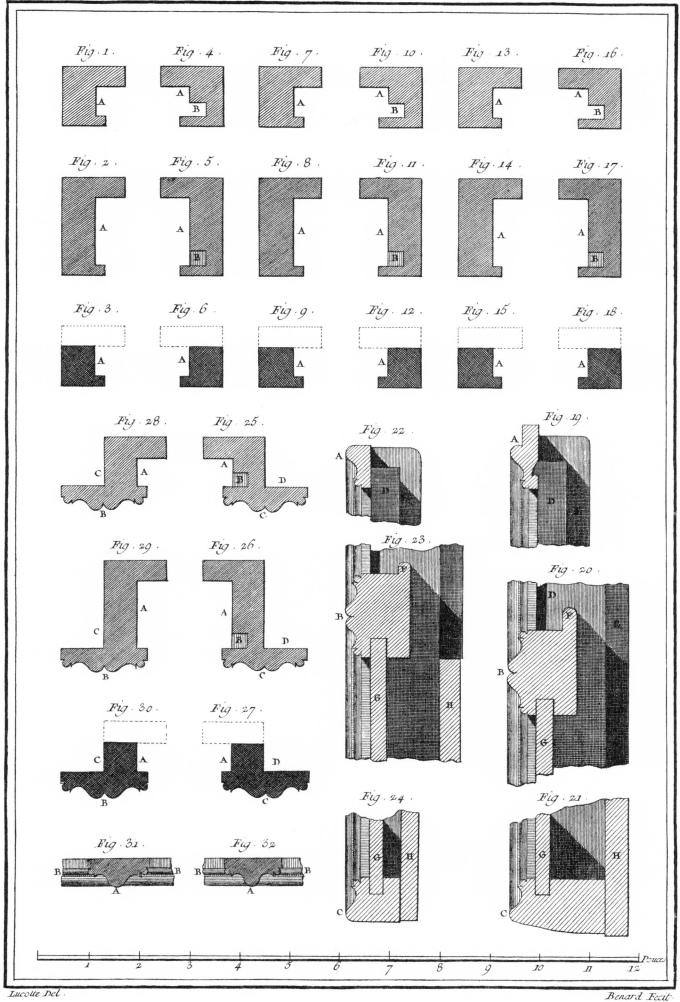

Fig. 1. Fig. 4. Fig. 7. Fig. 10. Fig. 13. Fig. 16.

Fig. 2. Fig. 5. Fig. 8. Fig. 11. Fig. 14. Fig. 17.

Fig. 3. Fig. 6. Fig. 9. Fig. 12. Fig. 15. Fig. 18.

Fig. 28. Fig. 25. Fig. 22. Fig. 19.

Fig. 29. Fig. 26. Fig. 23. Fig. 20.

Fig. 30. Fig. 27. Fig. 24. Fig. 21.

Fig. 31. Fig. 32.

Lucotte Del.

Benard Fecit.

Menuisier en Voitures, Berline à la Française, Détails.

Pl. VIII.

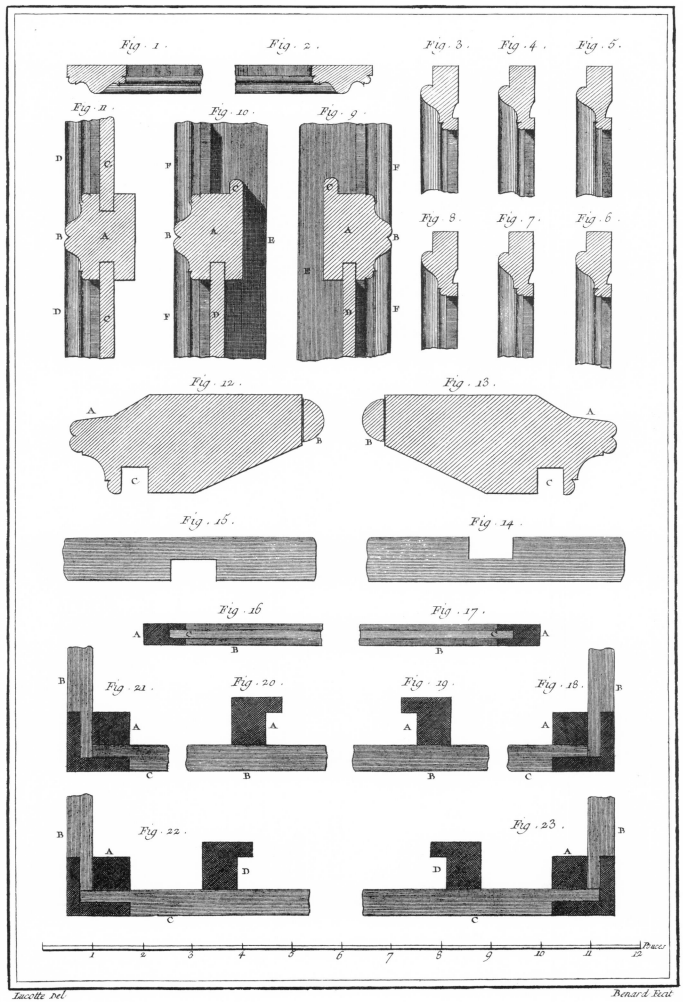

Fig. 1. Fig. 2. Fig. 3. Fig. 4. Fig. 5.

Fig. 11. Fig. 10. Fig. 9. Fig. 8. Fig. 7. Fig. 6.

Fig. 12. Fig. 13.

Fig. 15. Fig. 14.

Fig. 16. Fig. 17.

Fig. 21. Fig. 20. Fig. 19. Fig. 18.

Fig. 22. Fig. 23.

Pouces

Lucotte Del.

Benard Fecit.

Menuisier en Voitures, Berline à la Française, Détails.

Pl. IX.

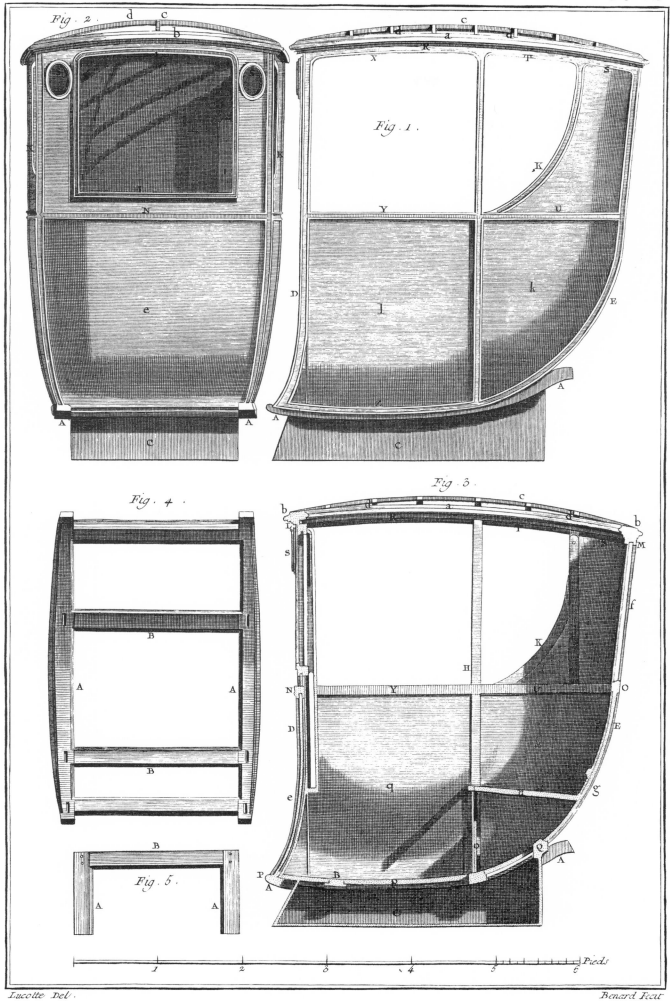

Fig. 2.

Fig. 1.

Fig. 4.

Fig. 3.

Fig. 5.

Pieds

Lucotte Del.

Benard Fecit.

Menuisier en Voitures, Diligence à l'Anglaise.

Pl. X.

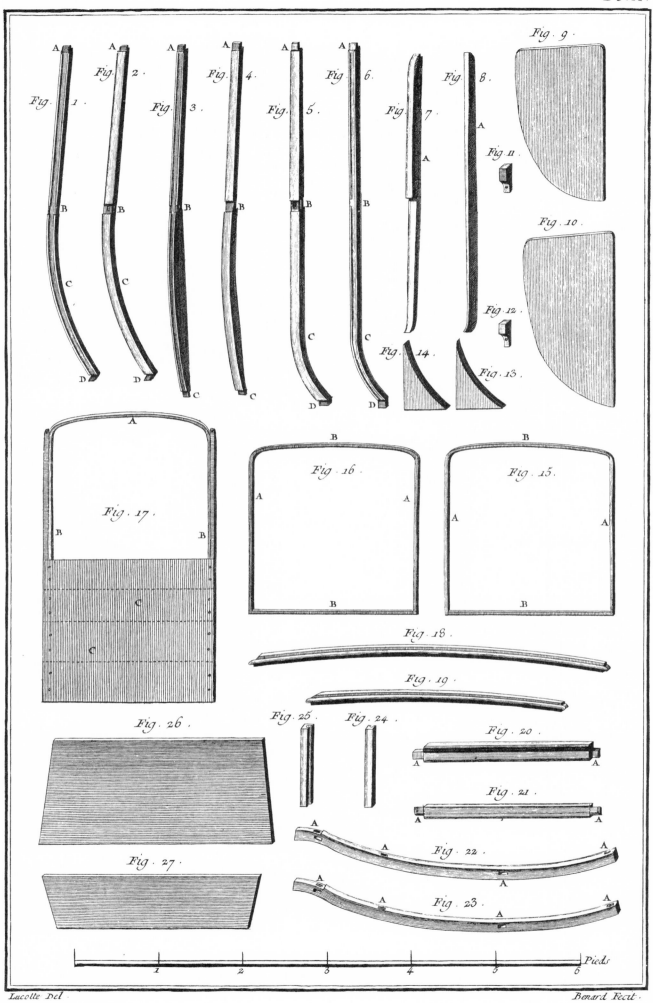

Fig. 1. Fig. 2. Fig. 3. Fig. 4. Fig. 5. Fig. 6. Fig. 7. Fig. 8. Fig. 9. Fig. 10. Fig. 11. Fig. 12. Fig. 13. Fig. 14. Fig. 15. Fig. 16. Fig. 17. Fig. 18. Fig. 19. Fig. 20. Fig. 21. Fig. 22. Fig. 23. Fig. 24. Fig. 25. Fig. 26. Fig. 27.

Pieds

Lucotte Del.

Benard Fecit.

Menuisier en Voitures, Diligence à l'Anglaise, Détails.

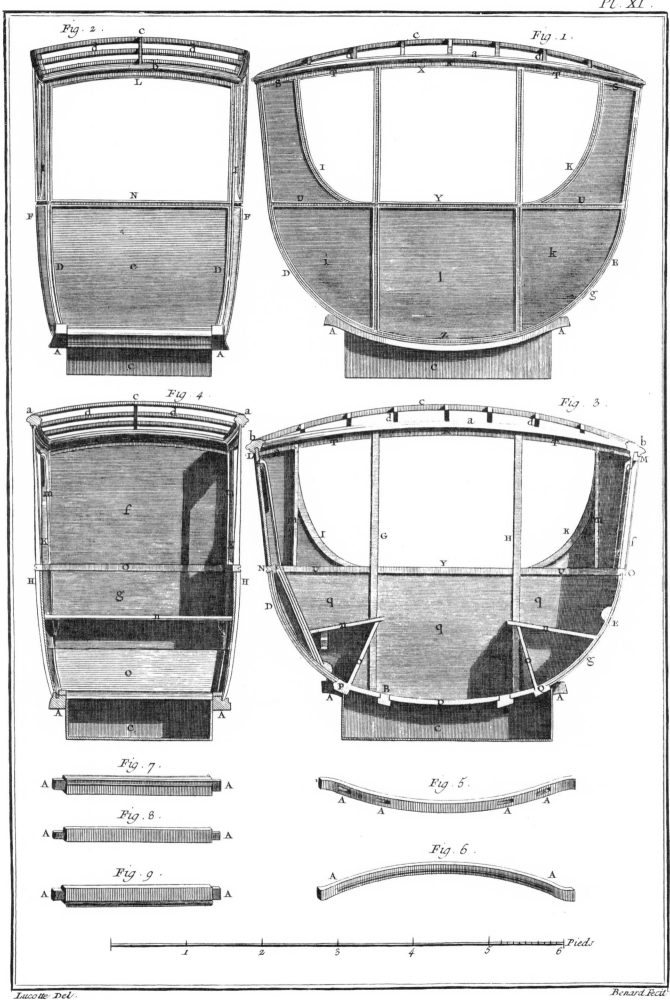

Pl. XI.

Fig. 2.

Fig. 1.

Fig. 4.

Fig. 3.

Fig. 7.

Fig. 5.

Fig. 8.

Fig. 9.

Fig. 6.

Pieds

1   2   3   4   5   6

Lucotte Del.

Benard Fecit.

Menuisier en Voitures, Vis-à-vis demi Anglais.

Pl. XII.

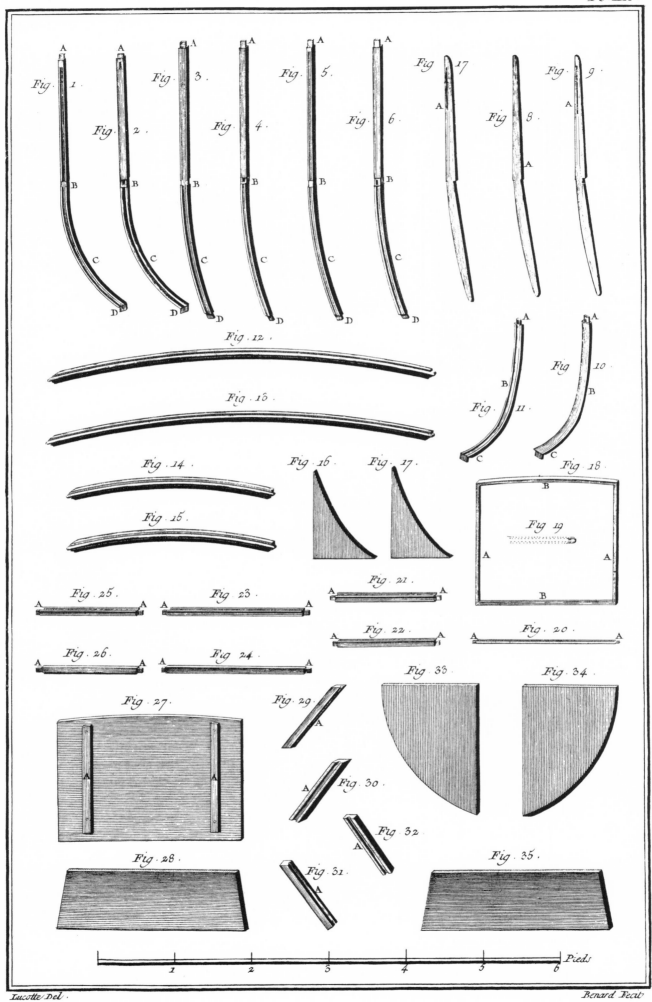

Fig. 1. Fig. 2. Fig. 3. Fig. 4. Fig. 5. Fig. 6. Fig. 17. Fig. 8. Fig. 9.

Fig. 12.

Fig. 13.

Fig. 10. Fig. 11.

Fig. 14. Fig. 16. Fig. 17. Fig. 18.

Fig. 15. Fig. 19.

Fig. 25. Fig. 23. Fig. 21.

Fig. 26. Fig. 24. Fig. 22. Fig. 20.

Fig. 33. Fig. 34.

Fig. 27. Fig. 29.

Fig. 30.

Fig. 32.

Fig. 28. Fig. 31. Fig. 35.

Pieds

1 2 3 4 5 6

Lucotte Del. Benard Fecit.

Menuisier en Voitures, Vis-a-vis demi-Anglais, Details.

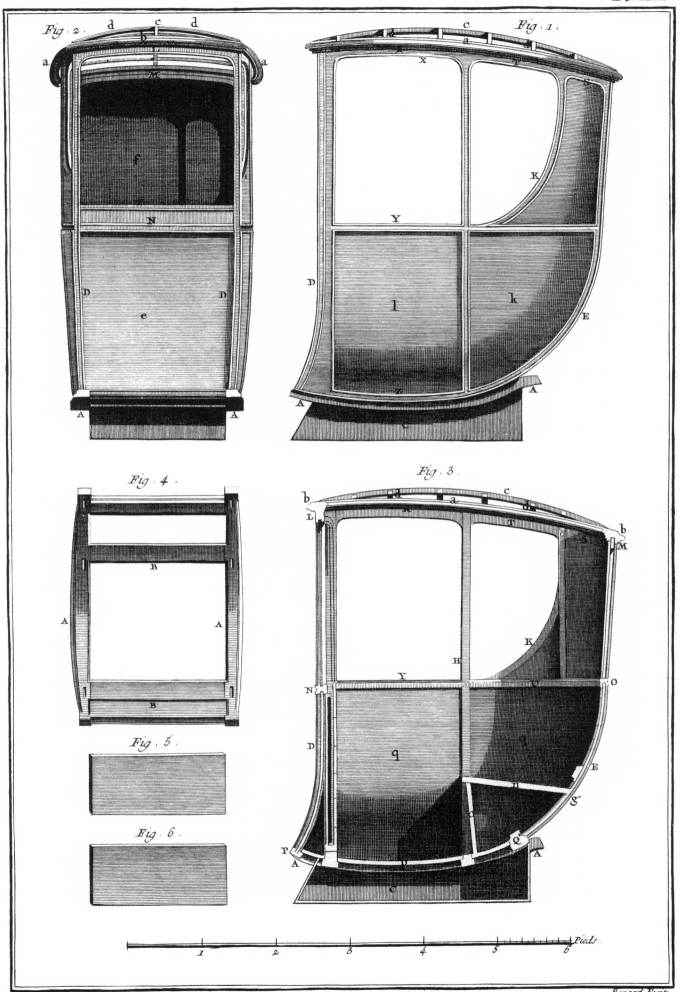

Pl. XIII.

Menuisier en Voitures, Désobligeante à l'Anglaise.

Pl. XIV.

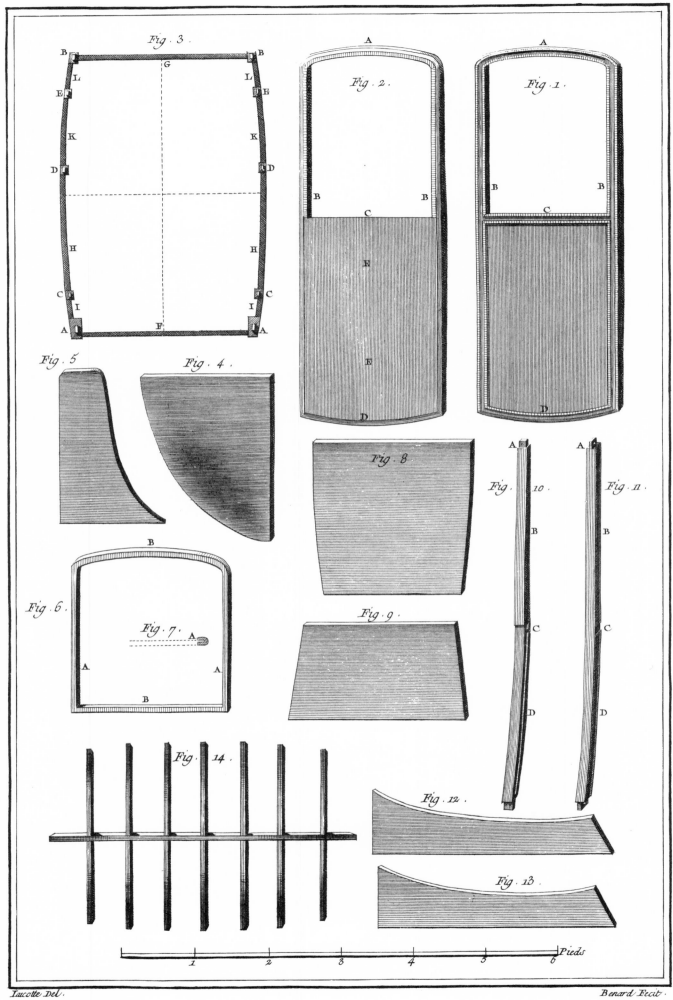

Fig. 3.

Fig. 2.

Fig. 1.

Fig. 5.

Fig. 4.

Fig. 8.

Fig. 10.

Fig. 11.

Fig. 6.

Fig. 7.

Fig. 9.

Fig. 14.

Fig. 12.

Fig. 13.

Pieds

1   2   3   4   5   6

Lucotte Del.

Benard Fecit.

Menuisier en Voitures, Désobligeante à l'Anglaise, Détails.

Pl. XV.

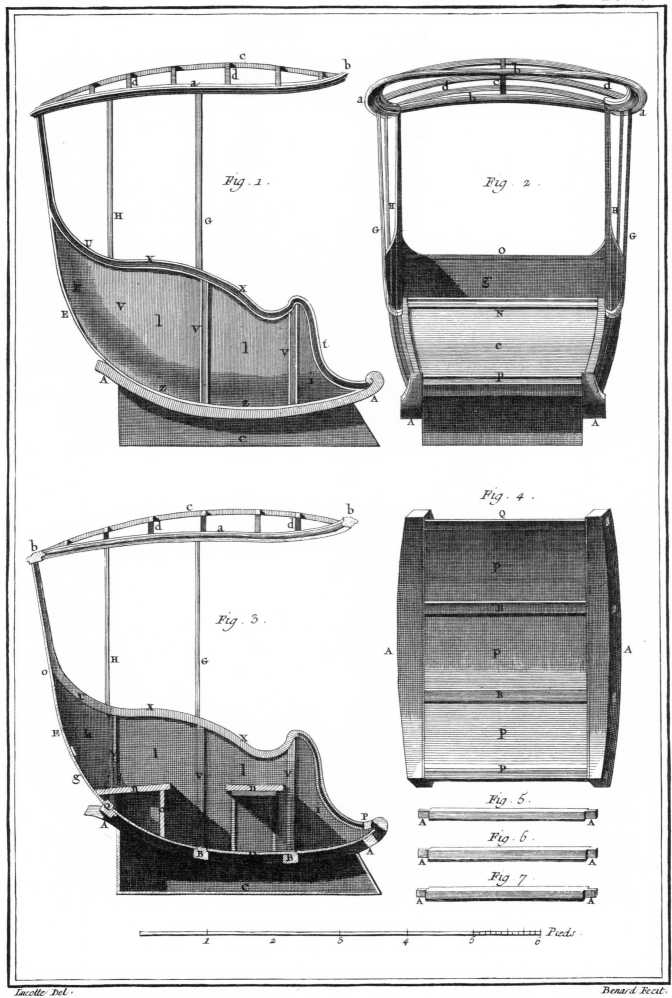

Fig. 1.

Fig. 2.

Fig. 3.

Fig. 4.

Fig. 5.

Fig. 6.

Fig. 7.

Pieds.

1 2 3 4 5 6

Lucotte Del.

Benard Fecit.

Menuisier en Voitures, Caleche.

Pl. XVI.

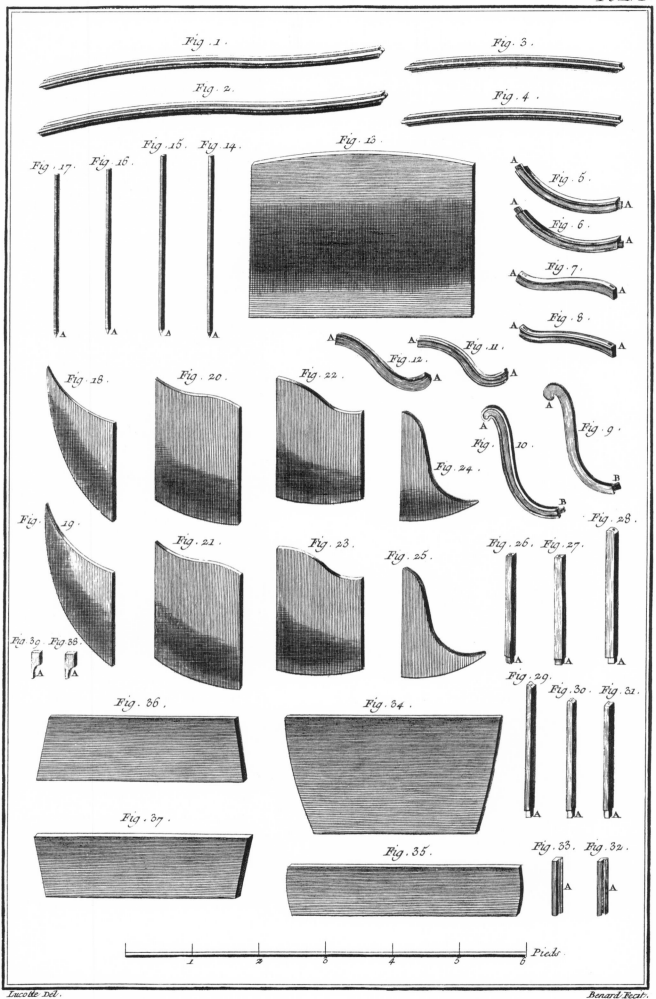

Fig. 1. Fig. 2. Fig. 3. Fig. 4. Fig. 5. Fig. 6. Fig. 7. Fig. 8. Fig. 9. Fig. 10. Fig. 11. Fig. 12. Fig. 13. Fig. 14. Fig. 15. Fig. 16. Fig. 17. Fig. 18. Fig. 19. Fig. 20. Fig. 21. Fig. 22. Fig. 23. Fig. 24. Fig. 25. Fig. 26. Fig. 27. Fig. 28. Fig. 29. Fig. 30. Fig. 31. Fig. 32. Fig. 33. Fig. 34. Fig. 35. Fig. 36. Fig. 37. Fig. 38. Fig. 39.

Pieds.

Lucotte Del.

Benard Fecit.

Menuisier en Voitures, Caleche, Détails.

Pl. XVII.

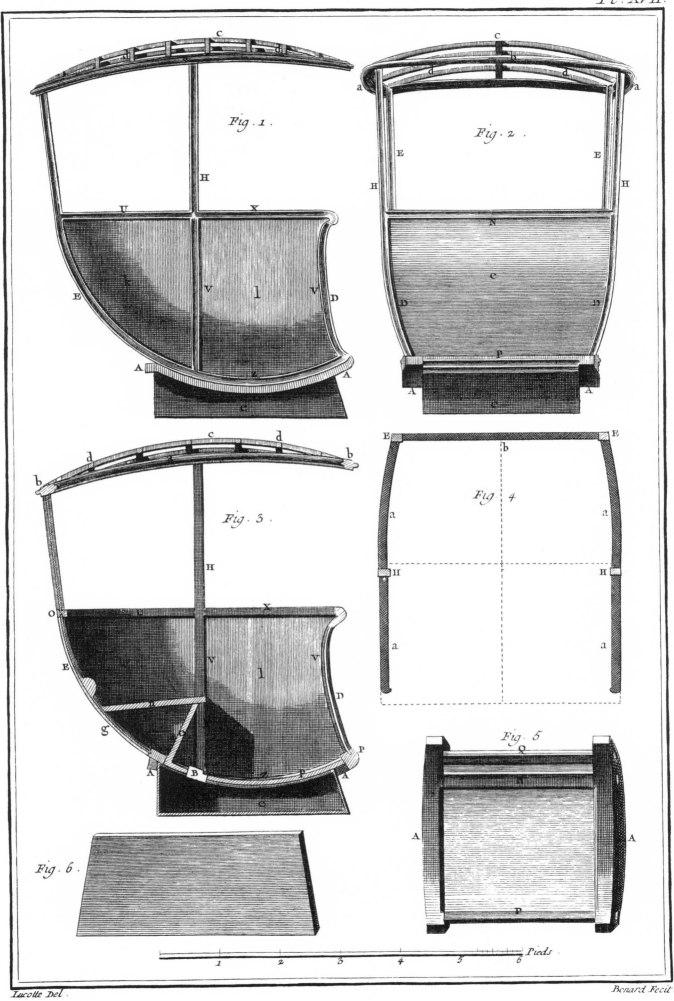

Fig. 1.

Fig. 2.

Fig. 3.

Fig. 4

Fig. 5

Fig. 6.

Pieds

Lucotte Del.

Benard Fecit.

Menuisier en Voitures, Diable.

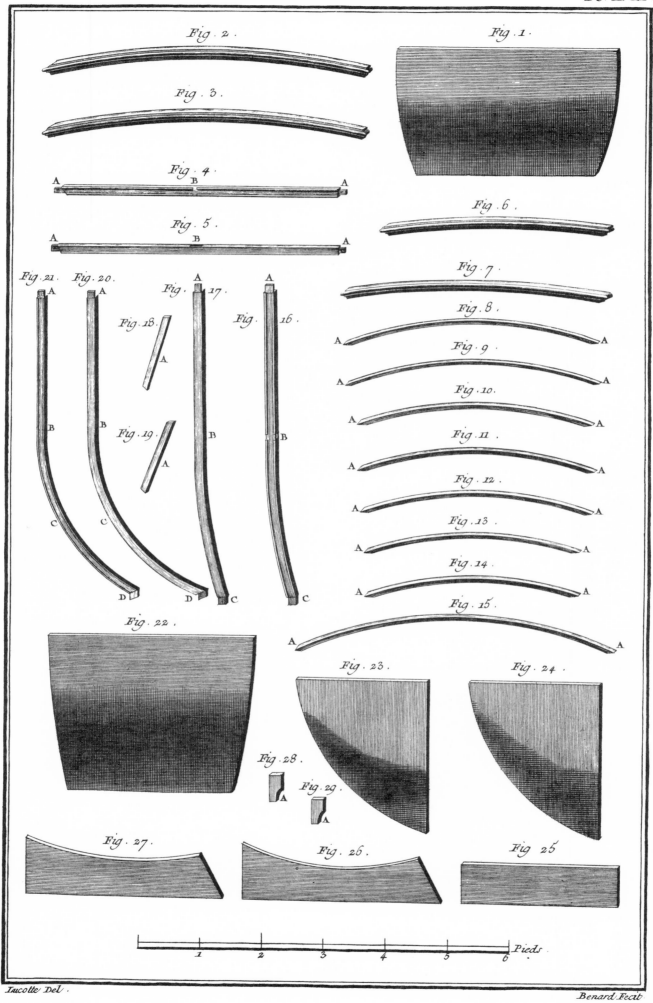

Fig. 2.

Fig. 1.

Fig. 3.

Fig. 4.

A   B   A

Fig. 5.

A   B   A

Fig. 6.

Fig. 21.   Fig. 20.

A   A

Fig. 18.

A   A

A

Fig. 17.

A

Fig. 16.

Fig. 7.

Fig. 8.

A   A

Fig. 9.

A   A

B   B   B   B

Fig. 19.

A

A   A

Fig. 10.

A   A

Fig. 11.

A   A

C   C

Fig. 12.

A   A

Fig. 13.

A   A

D   D   C   C

Fig. 14.

A   A

Fig. 22.

Fig. 15.

A   A

Fig. 23.   Fig. 24.

Fig. 28.

A

Fig. 29.

A

Fig. 27.   Fig. 26.   Fig. 25.

1   2   3   4   5   6   Pieds.

Jacotte Del.

Benard Fecit.

Menuisier en Voitures, Diable, Details.

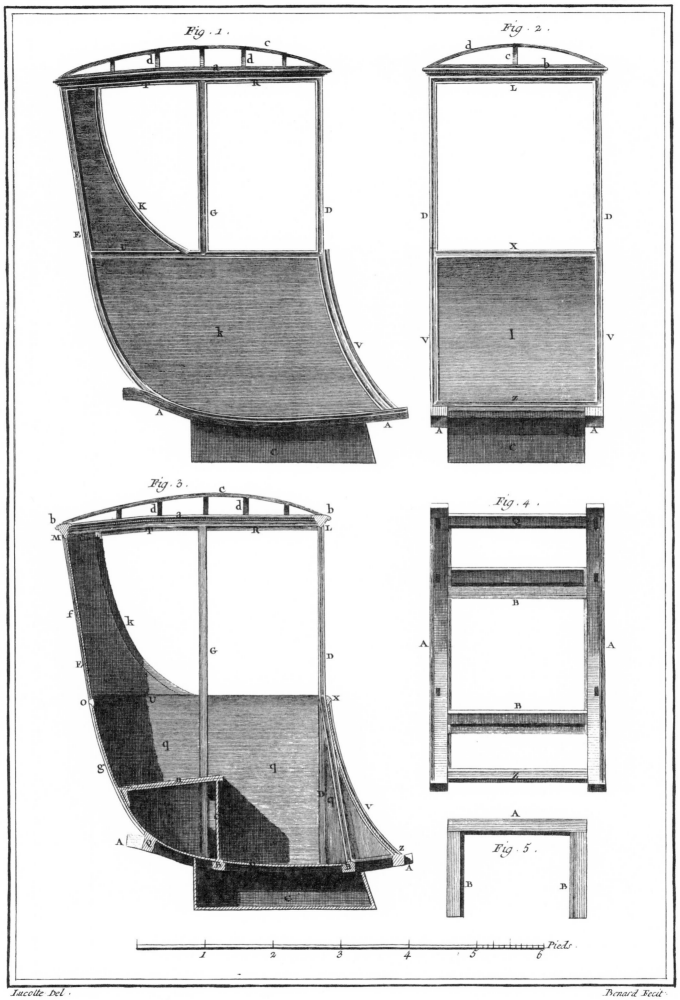

Pl. XIX.

Fig. 1.

Fig. 2.

Fig. 3.

Fig. 4.

Fig. 5.

Pieds

1   2   3   4   5   6

Lucotte Del.

Benard Fecit.

Menuisier en Voitures, Chaise de Poste.

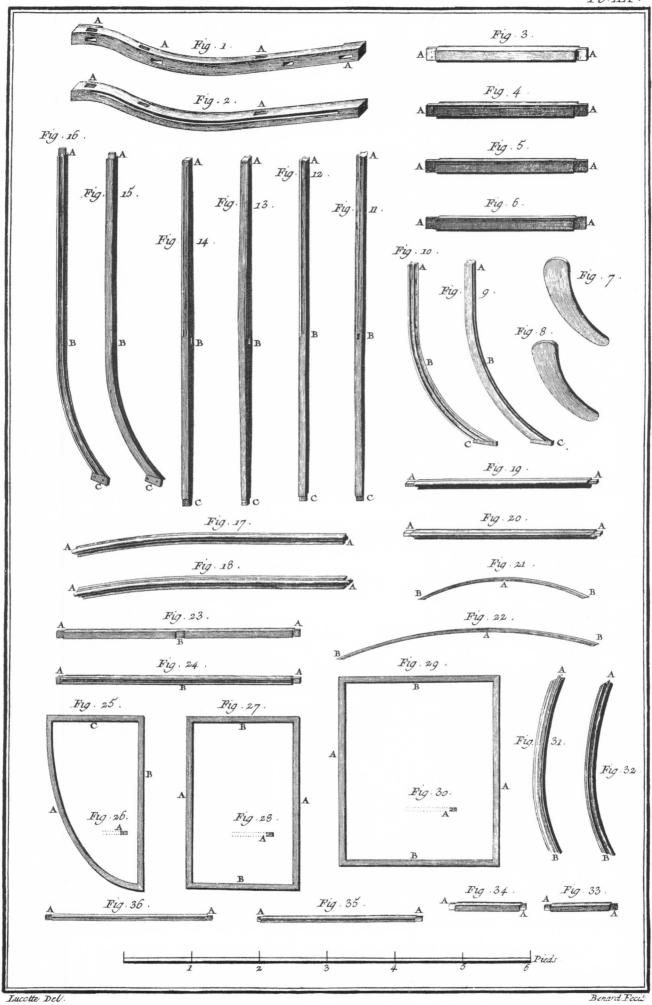

Lucotte Del.

Benard Fecit

Menuisier en Voitures, Chaise de Poste, Détails.

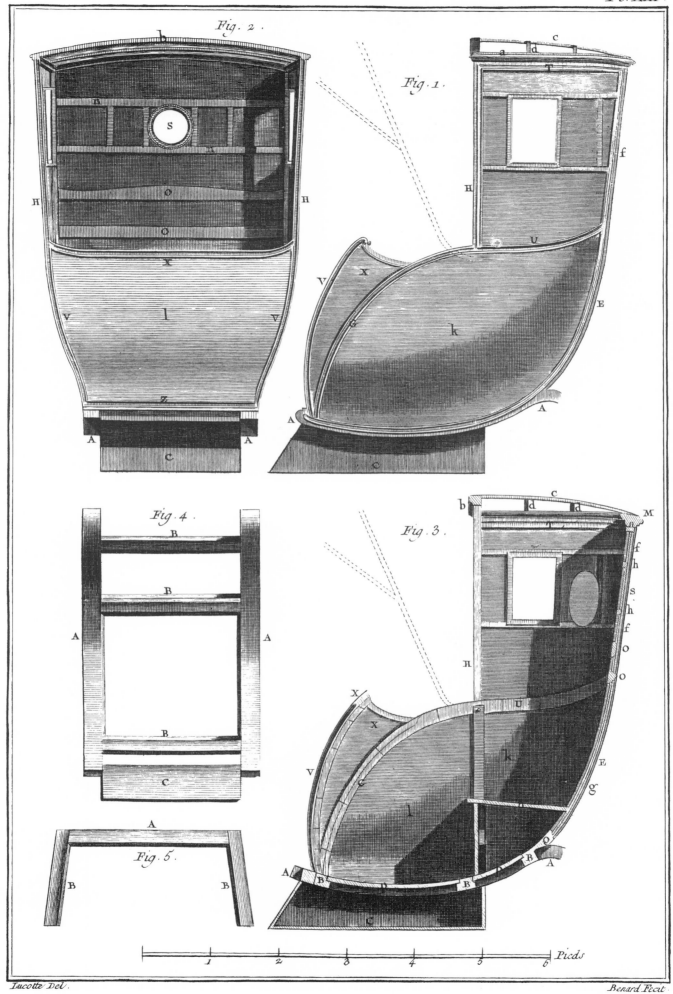

Pl. XXI.

Fig. 2.

Fig. 1.

Fig. 4.

Fig. 3.

Fig. 5.

Picds

Lucotte Del.

Benard Fecit.

Menuisier en Voitures, Cabriolet.

Pl. XXII.

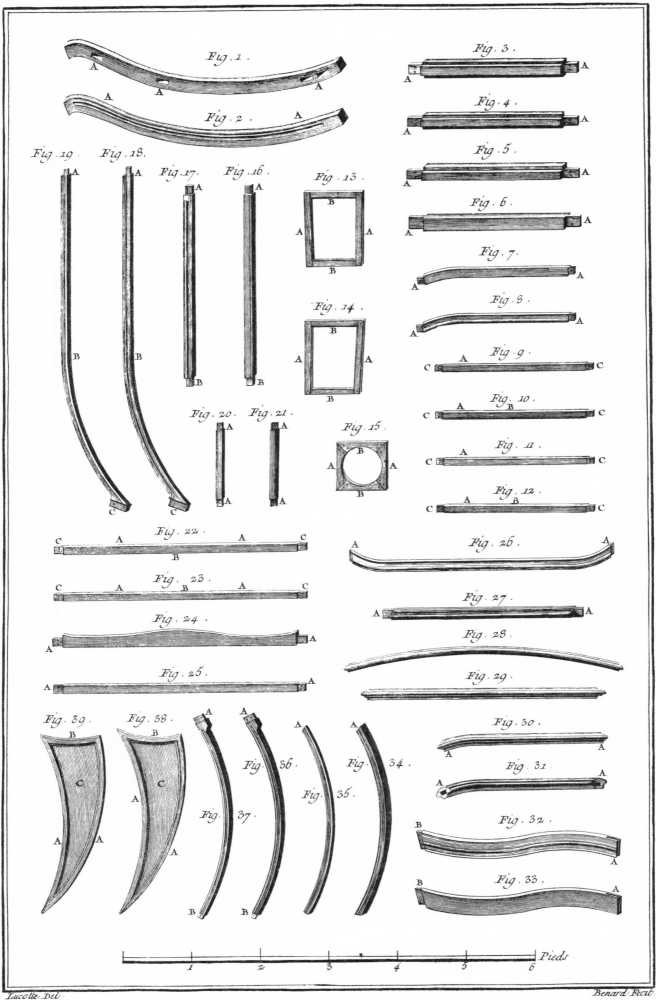

Menuisier *en Voitures, Cabriolet, Détails.*

Pl. XXIII.

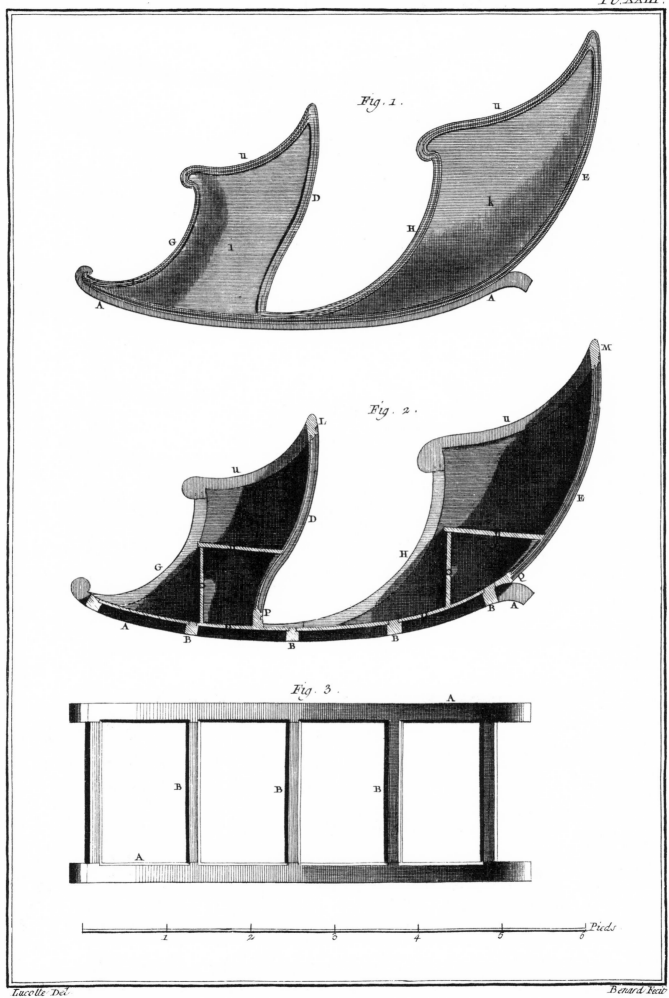

Fig. 1.

Fig. 2.

Fig. 3.

Pieds

Lucotte Del.

Benard Fecit

Menuisier en Voitures, Carosse de Jardin a 4 places.

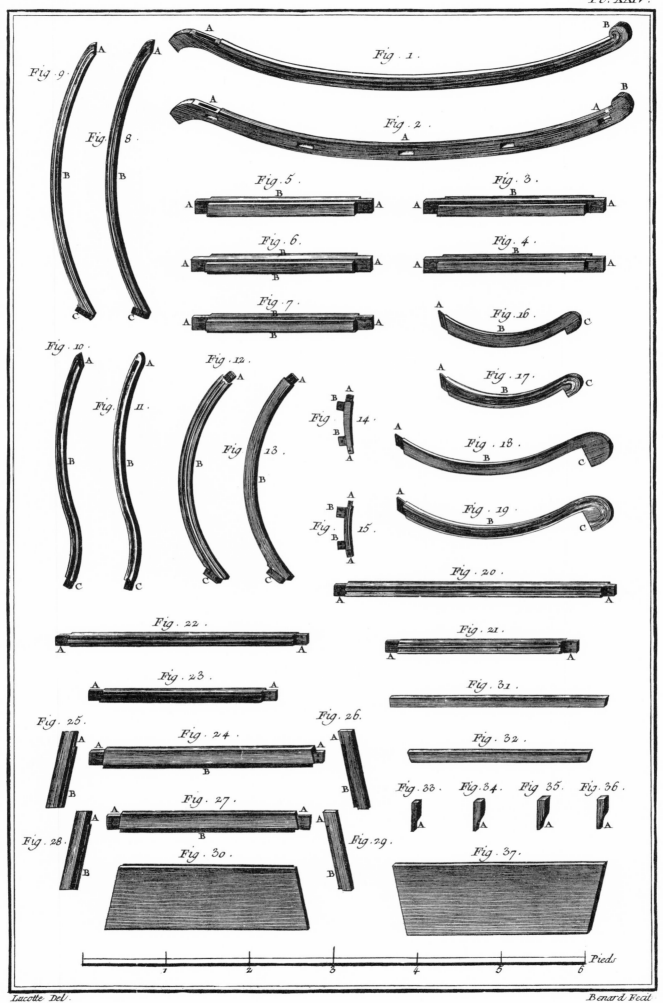

Menuisier en Voitures, Carosse de Jardin à 4 places, Détails.

Pl. XXV.

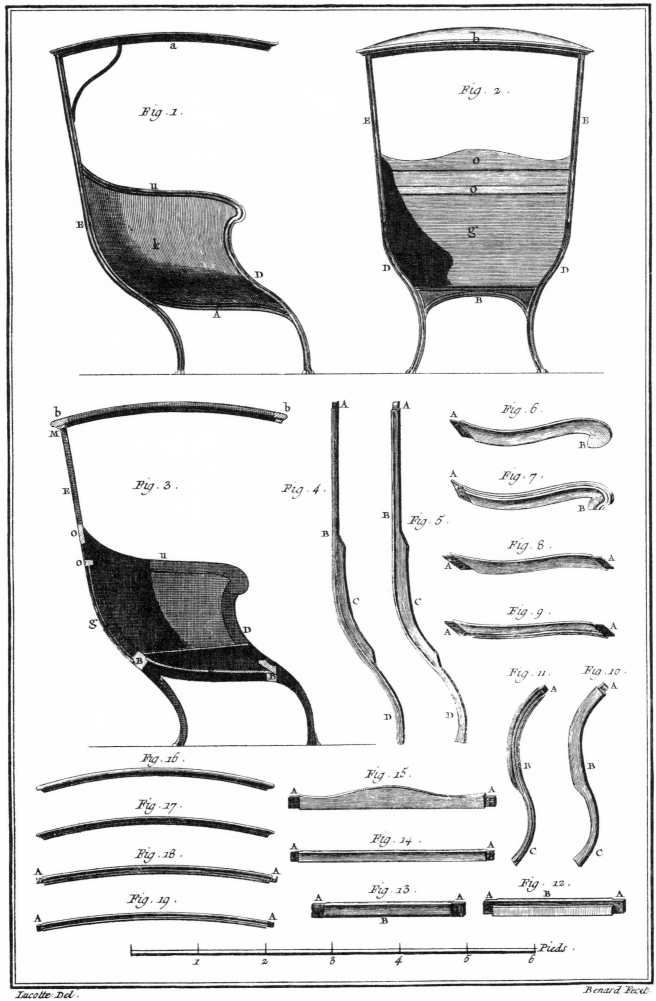

Fig. 1.

Fig. 2.

Fig. 3.

Fig. 4.

Fig. 5.

Fig. 6.

Fig. 7.

Fig. 8.

Fig. 9.

Fig. 11.

Fig. 10.

Fig. 16.

Fig. 17.

Fig. 18.

Fig. 19.

Fig. 15.

Fig. 14.

Fig. 13.

Fig. 12.

Pieds.

1   2   3   4   5   6

Lucotte Del.

Benard Fecit.

Menuisier en Voitures, carosse de Jardin a une Place.

Pl. XXVI.

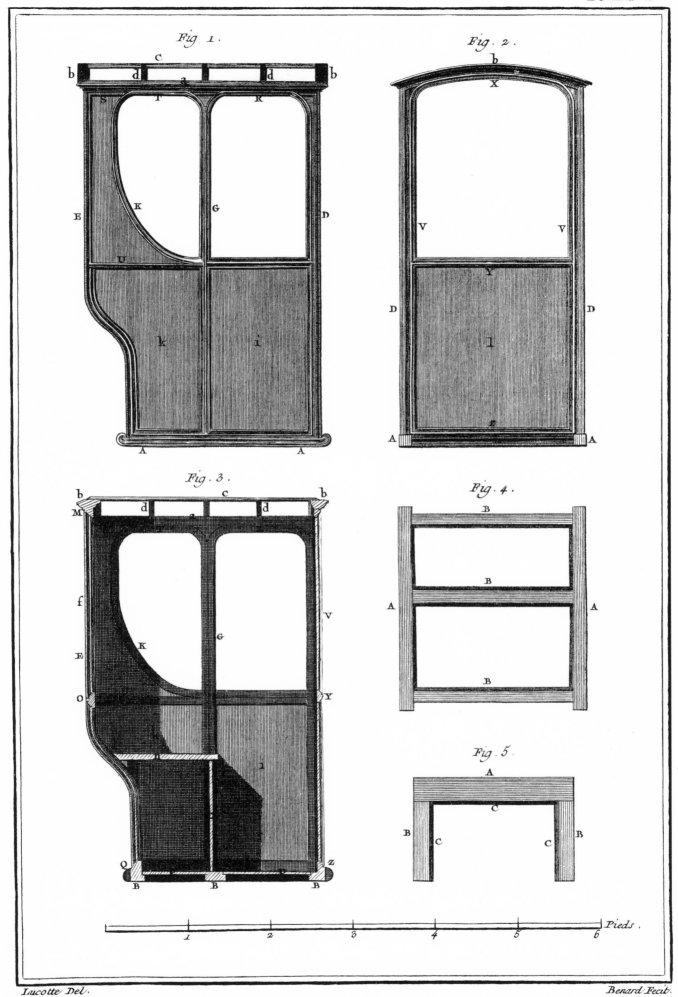

Fig. 1.

Fig. 2.

Fig. 3.

Fig. 4.

Fig. 5.

Pieds.

1 2 3 4 5 6

Lucotte Del.

Benard Fecit.

Menuisier en Voitures, Chaise a Porteur.

Pl. XXVII.

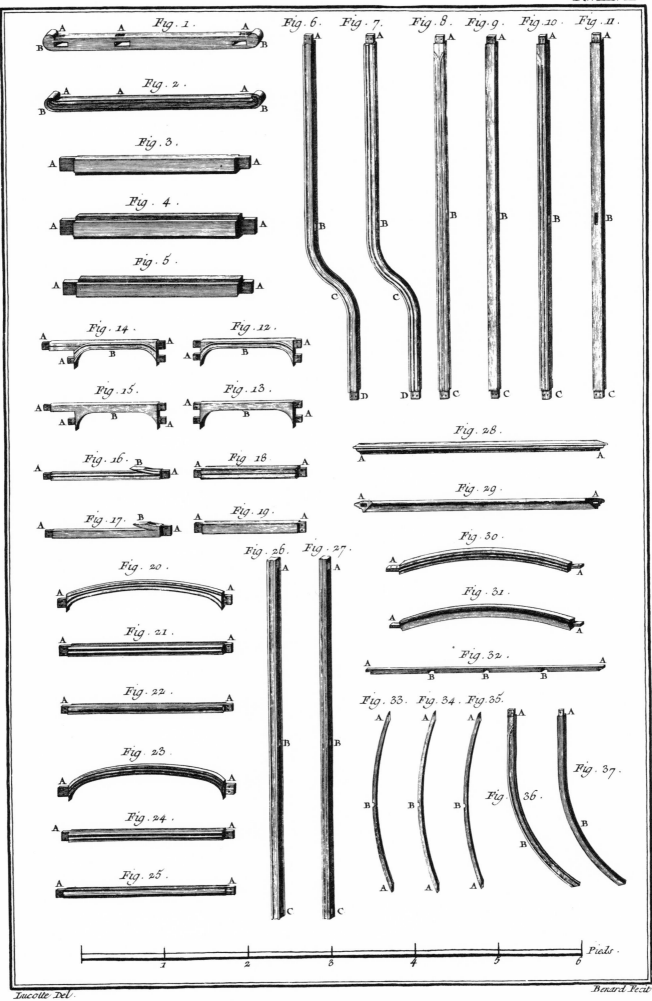

Fig. 1. Fig. 2. Fig. 3. Fig. 4. Fig. 5. Fig. 6. Fig. 7. Fig. 8. Fig. 9. Fig. 10. Fig. 11. Fig. 14. Fig. 12. Fig. 15. Fig. 13. Fig. 16. Fig. 18. Fig. 17. Fig. 19. Fig. 20. Fig. 21. Fig. 22. Fig. 23. Fig. 24. Fig. 25. Fig. 26. Fig. 27. Fig. 28. Fig. 29. Fig. 30. Fig. 31. Fig. 32. Fig. 33. Fig. 34. Fig. 35. Fig. 36. Fig. 37.

Pieds.

Lucotte Del.

Benard Fecit.

Menuisier en Voitures, Chaise a Porteur, Détails.

Pl. XXVIII.

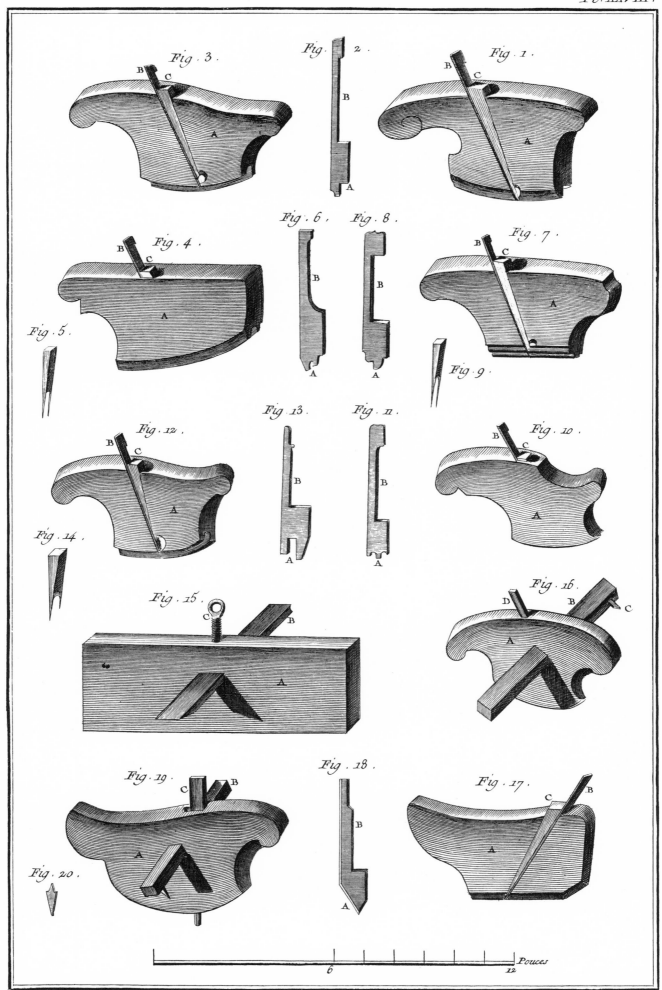

Menuisier en Voitures, Outils Rabots.

Pl. XXIX.

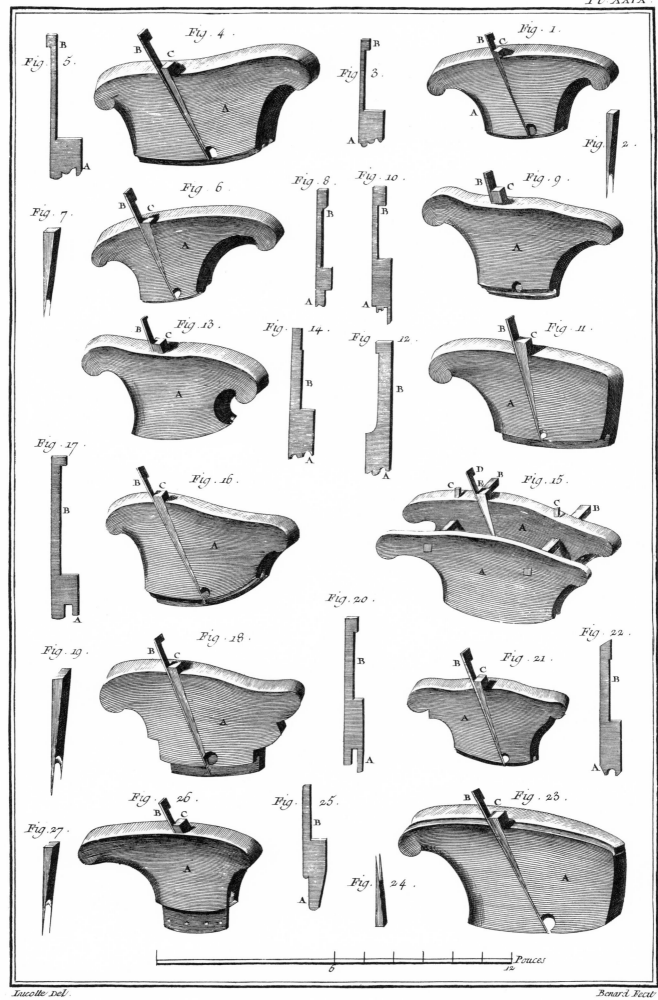

Lucotte Del.

Benard Fecit.

Menuisier en Voitures, Outils-Rabots.

Pl. XXX.

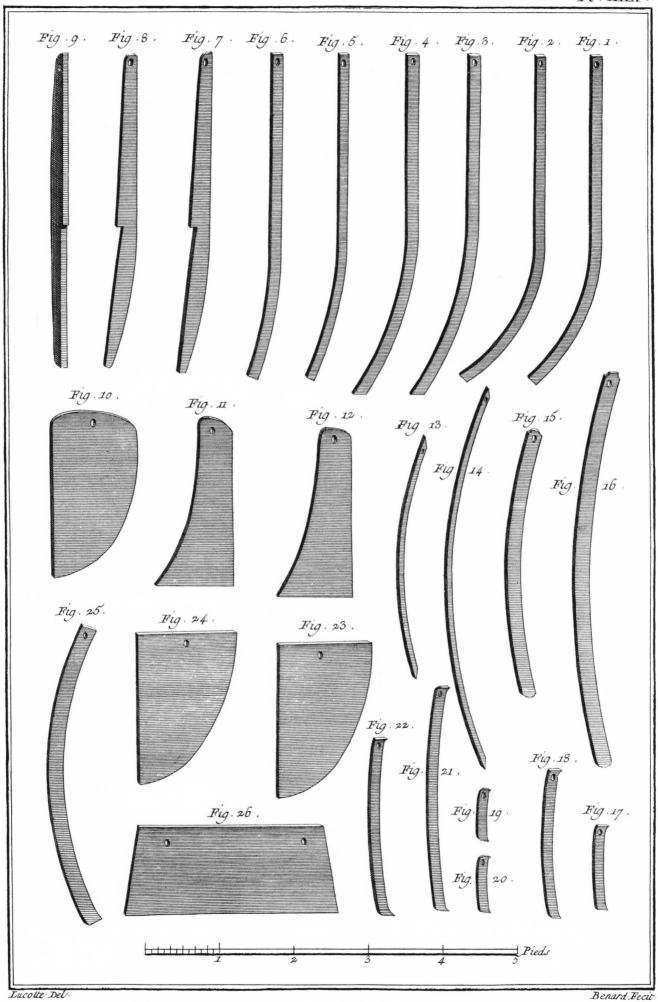

Fig. 9. Fig. 8. Fig. 7. Fig. 6. Fig. 5. Fig. 4. Fig. 3. Fig. 2. Fig. 1.

Fig. 10. Fig. 11. Fig. 12. Fig. 13. Fig. 15.

Fig. 14. Fig. 16.

Fig. 25. Fig. 24. Fig. 23.

Fig. 22.

Fig. 21. Fig. 18.

Fig. 26. Fig. 19.

Fig. 20. Fig. 17.

1 2 3 4 5 Pieds

Lucotte Del. Benard Fecit.

Menuisier en Voitures, Outils Calibres.

SELLIER-CARROSSIER,

CONTENANT vingt-cinq Planches équivalentes à trente-neuf à cause de quatorze doubles.

PLANCHE Iere.

L E haut de cette Planche repréfente un attelier de fellier-carroffier, dont le devant eft occupé d'ouvriers travaillans à divers ouvrages de fellerie, & le derriere eft garni de toutes fortes de carroffes, chaifes & autres équipages.

Fig. 1. Elévation perfpective.

2. Plan d'une felle à piquer. A, l'un des panneaux. BB, les quartiers. C, le fiege. D, la batte de devant. E, la batte de derriere. F, le pommeau. GG, les crampons de courroie.

3. Selle de chaffe. A, l'un des panneaux. BB, les quartiers. C, le fiege. D, la batte de devant. E, le crampon de courroie.

4. Selle rafe ou à l'angloife. A, l'un des panneaux. BB, les quartiers. C, le fiege.

5. Arçon de felle. A, le garrot. BB, les mammelles. CC, leurs pointes. D, le trouffequin. EE, les pointes. FF, les bandes.

6. Elévation du devant d'un arçon. A, le garrot. BB, les mammelles. CC, les pointes.

7. Elévation du devant d'un autre arçon. A, le garrot. BB, la batte coupée. CC, les mammelles. DD, les pointes.

8. Elévation du derriere d'un arçon. A, le trouffequin. BB, les pointes. CC, la batte coupée.

PLANCHE II.

Fig. 9. Panneau de felle.

10. Courroie de croupiere. A, la croupiere. B, la boucle. C, le fanglot.

11. Houffe. AA, le galon ou la broderie.

12. Couffinet.

13. Sangle. AA, les bouts arrêtés à l'arçon de la felle. BB, les boucles. CC, les fanglots.

14. Contre-fangle. A, le bout arrêté à l'arçon de la felle. B, la boucle. C, le fanglot.

15. Courroie d'étrier. A, la courroie. B, la boucle. C, l'étrier.

16. Ventriere. AA, les courroies. B, la boucle.

17. Sout. A, le fout. B, le faux fourreau. C, le montant. D, la ventriere.

18. Selle pour femme. A, les panneaux. BB, la garniture. C, le doffier. DD, les battes. E, le pommeau.

19. Plan de la felle. AA, la garniture. B, le doffier. CC, les battes. D, le pommeau.

20. Marche-pié. AA, les courroies. BB, les boucles. C, le marche-pié.

21. Arçon de felle de femme. A, le garreau. BB, les mammelles. CC, leurs pointes. D, le pommeau. E, le trouffequin. FF, les pointes. GG, les plaintes. H, le doffier. I, la batte de devant. K, la batte de derriere. LL, les montans de doffier.

PLANCHE III.

Equipage de cheval de felle.

La vignette repréfente un cheval de felle entierement équipé.

Fig. 1. Monture de la bride. *a*, la têtiere. *b*, les porte-mords. *c*, le frontal. *d*, la fougorge. *e*, la muferolle. *ff*, les rênes. *g*, le bouton. *h*, bridon. *i*, martingale.

Bas de la Planche. Développement du reffort de la boîte du poitrail.

2. Face extérieure du reffort du poitrail & de la boucle qui le retient.

N°. 2.

3. Face intérieure de la même boîte du côté qui s'applique à l'arçon.

4. La même boîte ouverte & garnie du porte-boucle.

5. La même boîte ouverte dont on a ôté le porte-boucle.

6. Le porte-boucle.

7. Profil de la boîte.

Toutes ces figures font de la grandeur de l'objet.

PLANCHE IV.

Fig. 1. Elévation latérale.

2. Plan d'une berline ou vis-à-vis à deux fonds montée fur de longues foupentes.

3. Bout du timon. G, la partie du timon. H, le crochet.

4. Siege. AA, le fiege. B, la traverfe du brancard.

5. Tiroir de derriere. AA, l'entre-toife. BB, les montans. CC, le tiroir. D, le marche-pié du tiroir.

6. Tréport du fiege. A, la tige. BB, les branches.

7. Cric. A, la roue. B, le fupport. C, l'arcboutant.

PLANCHE V.

Fig. 1. Elévation latérale d'une berline ou vis-à-vis à panneau arrafé, montée fur quatre coins de reffort à la Daleine.

2. & 3. Refforts à la Daleine. AA, les refforts. BB, les mains de refforts. CC, les boulons à vis à écrous pour les arrêter.

4. Reffort de derriere. A, le reffort. B, la main. C, le tiran à vis à écrou pour l'arrêter.

5. Marche-pié des domeftiques.

6. Liloir de derriere à la Daleine. AA, le liloir. BB, les montans.

7. Deffous du marche-pié.

8. Avant-train fupérieur. A, le marche-pié. B, la tringle du marche-pié. C, l'entre-toife. DD, la fourchette. EE, les jantes. F, l'entre-toife du brancard.

9. Avant-train inférieur. A, la fourchette. BB, la volée. CC, les palonniers. D, l'entre-toife. EE, les jantes.

PLANCHE VI.

Fig. 1. Elévation latérale.

2. Plan d'une berline de campagne ou vis-à-vis à cul de finge à hautes roues avec fes lanternes, montée de refforts à la Daleine.

3. Profil de la porte.

4. Elévation de la porte.

5. Elévation en face de la berline. AAAA, les lanternes.

6. Elévation en face d'un vis-à-vis.

7. Traverfe de pavillon de berline ou vis-à-vis. AA, les mortoifes.

8. Traverfe de devant de berline. AA, les tenons.

9. Traverfe de derriere de berline. AA, les tenons.

10. Traverfe de devant de vis-à-vis. AA, les tenons.

11. Traverfe de derriere de vis-à-vis. AA, les tenons.

PLANCHE VII.

Fig. 1. Elévation latérale.

2. Plan d'une berline de campagne à quatre portieres à fix ou huit places, montées de longues foupentes.

3. Elévation en face de la berline.

4. Traverfe de pavillon de la berline. AA, les mortoifes.

5. Traverfe d'en-haut de devant de la berline. AA, les tenons.

6. Traverse d'en-haut de derriere de la berline. A A, les tenons.

7. Panneau à croffe. A, le montant à croffe. B, la traverfe à croffe. C C, les tenons. D, l'accottoir. E E, les tenons.

8. Battant de derriere. A A, les mortoifes. B, le tenon.

9. Pié cornier. A A, les mortoifes. B, le tenon.

PLANCHE VIII.

Fig. 1. Elévation latérale.

2. Plan d'une caleche en gondole montée de longues foupentes.

3. Elévation en face d'un des fieges de la gondole.

4. Elévation latérale du même fiege.

5. Elévation d'un ftrapontin. A A, le pié du ftrapontin.

PLANCHE IX.

Fig. 1. Elévation latérale.

2. Plan d'une diligence appellée *diligence de Lyon*, fervant à tranfporter les voyageurs de Paris à Lyon, & de Lyon à Paris.

3. Elévation en face de la diligence.

4. Traverfe de pavillon de la diligence. A A, les mortoifes.

5. Traverfe d'en-haut de devant de la diligence. A A, les tenons.

6. Traverfe d'en-haut de derriere de la diligence. A A, les tenons.

7. Volée. A, le bout du timon. B, la cheville. C, l'anneau. D, la volée. E E, les chaînes. F F, les palonniers.

PLANCHE X.

Fig. 1. Elévation latérale.

2. Plan d'une diligence à cul de finge à quatre places par le moyen d'un ftrapontin.

3. Elévation du ftrapontin ou fiege de devant. A, le fiege. B B, les crochets fervant de fupport.

4. Profil du ftrapontin ou fiege de devant. A, le fiege. B, le crochet fervant de fupport.

5. 6. & 7. Mains de reffort.

PLANCHE XI.

Fig. 1. Elévation latérale.

2. Plan d'une diligence montée fur des cordes à boyau & dont la portiere eft par derriere.

3. Elévation de la porte d'entrée de la diligence.

4. Elévation d'un des fupports de derriere vu fur deux faces. A A, la poulie. B B, la chappe. C C, &c. la tige du fupport à fourchette. D D, &c. la vis à écrou.

PLANCHE XII.

Fig. 1. Elévation latérale.

2. Plan d'un diable monté fur de longues foupentes.

3. Elévation de l'appui de devant du diable.

4. Traverfe d'en-haut de devant ou derriere du diable. A A, les tenons.

PLANCHE XIII.

Fig. 1. Elévation perfpective.

2. Plan d'une chaife de pofte montée fur des refforts à l'écreviffe.

3. Reffort à écreviffe. A A, les crochets foutenans les foupentes.

4. Armon de la chaife de pofte. A, la main de l'armon. B, le pié de l'armon. C C, les boulons à vis à écrous.

5. Les deux bouts des brancards de la chaife de pofte.

6. & 7. Arcboutans de devant, l'un oblique & l'autre droit. A A, les moufles. B B, les tiges. C C, les pointes ou vis.

8. Chantignole. A, l'échancrure de l'effieu. B B, les pattes. C C, &c. les boulons à vis à écrous.

9. Devant du gouffet de la chaife de pofte.

10. Support ou arcboutant de derriere de la chaife. A, la tête. B B, les tiges. C C, les pointes ou vis.

11. Crémaillere de la chaife. A A, les vis à écrous.

12. Cerceau de derriere de la chaife. A A, le cerceau. B, l'entre-toife. C C, les tenons.

PLANCHE XIV.

Fig. 1. Elévation latérale.

2. Plan d'une chaife de pofte à cul de finge, montée fur des refforts à la Daleine.

3. Chantignole de la chaife. A, en eft l'échancrure. B B, les pattes. C C, &c. les boulons à vis à écrous.

4. Une des mains de la chaife.

5. Garde-crotte de la chaife. A, le garde-crotte. B B, les brancards. C, l'entre-toife.

6. Un des moutons à la Daleine de la chaife. A, la tête des moutons. B, le tenon.

7. Reffort de derriere de la chaife. A A, le reffort. B, la main du reffort. C, le tiran à vis à écrous.

8. Gouffet de la porte de la chaife.

PLANCHE XV.

Fig. 1. Elévation latérale.

2. Plan d'une chaife ou cabriolet à foufflet ou fans foufflet.

3. Garde-crotte du cabriolet. A, le garde-crotte. B B, l'entre-toife.

4. Strapontin ou fiege de devant. A, le fiege. B, le crochet ou fupport.

5. Strapontin ou fiege avec doffier. A, le fiege. B, le doffier. C, l'accottoir. D D, les fupports à vis à écrous en E E, & à pointe ou à vis en F F.

6. Elévation en face du cabriolet. A A, la porte ou gouffet. B B, le doffier. C C, le fond. D D, les rideaux. E E, les yeux.

7. Elévation de derriere du cabriolet.

8. Carcaffe en fer du foufflet du cabriolet. A, le centre. B, le cerceau de devant. C, les charnieres. D, le cerceau du milieu. E, fes charnieres. F, le cerceau de derriere. G, fes charnieres. H H, la tige de l'arcboutant. I, fa charniere. K, point d'appui de derriere. L, point d'appui de devant.

9. Effieu coudé du cabriolet. A A, les coudes. B B, les tourillons. C C, les écrous à vis.

PLANCHE XVI.

Fig. 1. Elévation latérale de cabriolet à quatre roues, monté fur des refforts à la Daleine.

3. Elévation de fiege fervant de coffre.

4. Plan du fiege. A A le fiege. B, le ftrapontin.

PLANCHE XVII.

Fig. 1. Elévation latérale d'un petit carroffe de jardin à nud à deux places, avec impériale, monté fur trois roues.

2. Elévation latérale d'un carroffe de jardin à trois ou quatre places fans impériale, monté auffi fur trois roues.

3. Elévation latérale.

4. Plan d'une vource ou voiture de chaffe.

PLANCHE XVIII.

Fig. 1. Elévation latérale.

2. Elévation en face.

3. Plan d'une chaife à porteur.

4. Un des deux bâtons fervant à tranfporter la chaife.

5. Profil d'un des côtés & d'une partie du devant de la chaife. A, portion du panneau de derriere. B, pié cornu de derriere. C, panneau latéral. D, pié cornu de devant. E, battant de la porte. F, panneau de la porte. G, intervaille pour le chaffis de la glace.

PLANCHE XIX.

Fig. 1. Elévation latérale.
2. Elévation de derriere.
3. Elévation en face.
4. Plan d'une brouette.
5. Extrêmité d'un des brancards, bâtons de la brouette. A A, le bâton. B, la cheville.

PLANCHE XX.

Noms des pieces dont les figures suivantes font composées.

Fig. 1. 2. & 3. Pl. IV.
1. Pl. V.
1. 2. 3. 4. 5. & 6. Pl. VI.
1. 2. & 3. Pl. VII.
1. & 2. Pl. VIII.
1. 2. & 3. Pl. IX.
1. & 2. Pl. X.
1. 2. & 3. Pl. XI.
1. & 2. Pl. XII.
1. & 2. Pl. XIII.
1. & 2. Pl. XIV.
1. & 2. Pl. XV.
1. & 2. Pl. XVI.
1. 2. 3. & 4. Pl. XVII.
1. & 2. Pl. XVIII.
1. 2. 3. & 4. Pl. XIX.

A, battant de pavillon. B, fommier de pavillon. C, pié cornier de devant. D, pié cornier de derriere. E, montant à croffe de devant. F, montant à croffe de derriere. G, battant de devant. H, battant de derriere. I, panneau à croffe de devant. K, panneau à croffe de derriere. L, traverfe à croffe de devant. M, traverfe à croffe de derriere. N, accottoir de devant. O, accottoir de derriere. P, panneau de glace à croffe de devant. Q, panneau de glace à croffe de derriere. R, panneau plein de devant. S, panneau plein de derriere. T, traverfe d'en-haut de porte. V, traverfe de milieu de porte. U, traverfe de bas de porte. X, battant de porte. Y, panneau de glace de porte. Z, panneau plein de porte. A, grande courroie entretenant la caiffe. B, petite courroie entretenant la caiffe. C, brancard. D, marche-pié du brancard. E, courroie ou fupport du marche-pié. F, foupente. F F, foupente de corde à boyau. G, timon. H, crochet ou cheville du timon. I, fourchette. K, volée. L, effieu. M, jante de train fupérieur. N, jante de train inférieur. O, boulons. P, marche-pié du cocher. Q, traverfe de devant de brancard. R, fupport de brancard. S, fupport de fer. T, moyeu de la roue de devant. U, rayon de la roue de devant. V, jante de la roue de devant. X, fiege. Y, fupport hâté du fiege. œ, arcboutant de devant de chaife. a a, garde-crotte. a, marche-pié des domeftiques. b, taffeau du marche-pié des domeftiques. c, mouton. d, arcboutant de derriere. e, arcboutant de devant du mouton de derriere. f, cric. g, traverfe de derriere de brancard. h, moyeu de la roue de derriere. i, rayon de la roue de derriere. k, jante de la roue de derriere. l, traverfe de devant de fommier. m, traverfe de derriere de fommier. n, traverfe de milieu de fommier. o, reffort à la Daleine. o o, reffort à l'écreviffe. p, traverfe de devant. q, traverfe de milieu de devant. r, montans. s, panneau de glace de devant. t, panneau plein de devant. u, arcboutant de derriere du mouton de devant. v, arcboutant de devant du mouton de devant. x, mouton de devant. y, panier. z, fupport à fourchette. a, traverfe d'en-haut de derriere. b, traverfe du milieu de derriere. c, poulie. d, chappe. e, gouffet. f, armon. g, chantignolle. h, main. i, montant. k, parafol. l, devant. m, fiege de la vource. n, marche-pié de la vource. o, tourniquet. p, effe. q, bâton.

PLANCHE XX.

Fig. 1. Traverfe de pavillon de berline avec moulure. A A, les mortoifes.
2. 3. & 4. Pié cornier de berline avec moulure. A, le tenon d'en-haut. B, le tenon d'en-bas. C, la mor-

toife du tenon de l'accottoir. D D, les feuillures.
5. Panneau à croffe de berline.
6. Chaffis à croffe de berline. A, le montant à croffe. B, la traverfe à croffe. C C, les tenons. D, l'accottoir. E, les tenons.
7. Accottoir chantourné. A, l'accottoir. B B, les tenons. C, portion du montant à croffe.
8. Chaffis de glace à croffe. A A, les montans. B, la traverfe.
9. Battant de pavillon de berline. A, le tenon d'en-haut. B, le tenon d'en-bas. C, mortoife du tenon de l'accottoir.
10. Profil de la traverfe de pavillon de berline, *fig.* 1. A, la traverfe de pavillon. B, portion de la traverfe à croffe.
11. Profil ou plan du pié cornier de berline, *fig.* 2. 3. & 4. A, le tenon. B, les moulures. C C, les feuillures.
12. Profil de la traverfe à croffe marquée B, *fig.* 6. A, le chaffis. B, la feuillure du chaffis de glace. C, la moulure.
13. Profil du montant à croffe marqué A, *fig.* 6. A, la feuillure du chaffis de glace. B, la feuillure du panneau à croffe. C, les moulures.
14. Profil du chaffis de glace. A, le chaffis. B, la feuillure de la glace.
15. Profil de l'accottoir marqué D, *fig.* 6. A, la feuillure du chaffis de glace. B, les moulures.
16. Profil de l'accottoir chantourné, *fig.* 7. A, la feuillure du chaffis de glace. B, les moulures.
17. Profil du battant de pavillon de berline. A, le battant. B, la feuillure de la porte. C, la feuille de chaffis de glace. D, la moulure.
18. Sommier de pavillon de berline. A, la moulure. B B, les talons. C C, &c. les mortoifes.
19. Profil du fommier de pavillon de berline, *fig.* 18. A, le fommier. B, la moulure. C, portion de traverfe.

PLANCHE XXI.

Fig. 20. & 21. Battans de porte de berline. A A, les mortoifes fupérieures. B B, les mortoifes inférieures. C C, les mortoifes du milieu.
22. Traverfe d'en-haut de porte de berline. A A, les tenons.
23. Traverfe de milieu de porte de berline. A A, les tenons.
24. Traverfe d'en-bas de porte de berline. A A, les tenons.
25. Chaffis de glace de porte de berline. A A, les montans. B, la traverfe d'en-haut. C, la traverfe d'en-bas. D, le cordon. E, le gland.
26. Traverfe inférieure de derriere de berline. A, la traverfe. B B, les tenons.
27. Traverfe fupérieure d'en-haut de devant de berline. A, la traverfe. B B, les tenons. C C, les mortoifes de montans.
28. & 29. Montans de devant de berline. A A, les montans. B B, &c. les tenons.
30. Traverfe du milieu de devant de berline. A, la traverfe. B B, les tenons. C C, les mortoifes de montans.
31. Traverfe d'en-bas de devant de berline. A, la traverfe. B B, les tenons.
32. Traverfe inférieure de face de vis-à-vis. A, la traverfe. B B, les tenons.
33. Traverfe de milieu de vis-à-vis. A, la traverfe. B B, les tenons.
34. Traverfe d'en-bas de face de vis-à-vis. A, la traverfe. B B, les tenons.
35. Pié cornier de vis-à-vis. A, le tenon d'en-haut. B, le tenon d'en-bas. C, la mortoife du tenon de l'accottoir.
36. Sommier de pavillon de vis-à-vis. A A, la moulure. B B, &c. les mortoifes.

PLANCHE XXII.

37. Traverfe de pavillon de diligence avec moulures. A A, les mortoifes.

38. Sommier de pavillon de diligence. A A , la moulure. B B , &c. les mortoifes.
39. Battant de pavillon de diligence. A , le tenon d'en-haut. B , le tenon d'en-bas. C , la mortoife du tenon de l'accottoir.
40. Pié cornier de diligence. A , le tenon d'en-haut. B , le tenon d'en-bas. C , la mortoife du tenon de l'accottoir.
41. Pié cornier de la chaife de pofte. A , le tenon d'en-haut. B , le tenon d'en-bas. C , la mortoife du tenon de l'accottoir.
42. Traverfe de pavillon de chaife de pofte avec moulure. A A , les mortoifes.
43. Sommier de pavillon de chaife de pofte. A A , la moulure. B B , &c. les mortoifes.
44. Timon double à fourchette. A A , le timon. B , la queue. C , entre-toife fupérieure. D , entre-toife inférieure.
45. Traverfe de foupente fculptée.
46. Volée tournée.
47. Volée fculptée.
48. Taffeau de marche-pié de domeftique marié avec fon brancard. A , le marche-pié. B , le taffeau. C , portion du brancard.
49. Taffeau de marche-pié de domeftique fans être marié avec fon brancard. A , le marche-pié. B , le taffeau. C , portion du brancard.

PLANCHE XXIII.

Fig. 1. établi. A A , l'établi. B B , les tiroirs. C C , les tréteaux.
2. Etaux. A A , les mords acérés. B B , les yeux. C C , les tiges. D D , les jumelles.
3. Gros taffeau. A , la tête acérée. B , le billot.
4. Petit taffeau. A , la tête acérée. B , la pointe.
5. Gros marteau. A , la tête acérée. B , la panne acérée. C , le manche.
6. Marteau à panne fendue. A , la tête acérée. B , la panne acérée & fendue. C , le manche.
7. Petit marteau. A , la tête acérée. B , la panne acérée. C , le manche.
8. Petit maillet de bois. A A , les têtes. B , le manche.
9. Gros maillet de bois. A A , les têtes. B , le manche.
10. Groffe maffe. A A , les têtes acérées. B , le manche.
11. Petite maffe. A A , les têtes acérées. B , le manche.
12. Gros burin. A , le taillant acéré. B , la tête.
13. Petit burin. A , le taillant acéré. B , la tête.
14. Gros bec d'âne à deux bifeaux. A , le taillant acéré. B , la tête.
15. Petit bec d'âne à deux bifeaux. A , le taillant acéré. B , la tête.
16. Gros bec d'âne à un feul bifeau. A , le taillant acéré. B , la tête.
17. Petit bec d'âne à un feul bifeau. A , le taillant acéré. B , la tête.
18. Groffe langue de carpe ou gouge en fer. A , le taillant acéré. B , la tête.
19. Petite langue de carpe ou gouge en fer. A , le taillant acéré. B , la tête.

PLANCHE XXIV.

Fig. 20. Poinçon rond. A , le poinçon acéré. B , la tête.
21. Poinçon plat. A , le poinçon acéré. B , la tête.
22. Cifeau en bois. A , le taillant acéré. B , la tête.
23. Gouge. A , le taillant acéré. B , la tête.
24. Bec d'âne en bois. A , le taillant acéré. B , la tête.
25. Bec d'âne à ferrer. A A , les taillans. B , la tige.
26. Broche ou chaffe-pointe. A , la pointe acérée. B , la tête.
27. Gros emporte-piece. A , le taillant. B , la tête.

28. Petit emporte-piece. A , le taillant. B , la tête.
29. Pié de biche. A , le pié de biche acéré. B , la tête.
30. Leve-clou. A , le leve-clou acéré. B , la tête.
31. Petite alêne à coudre. A , l'alêne acérée. B , le manche.
32. Alêne coudée. A , l'alêne acérée. B , le manche.
33. Grande alêne à coudre. A , l'alêne acérée. B , le manche.
34. Broche ou poinçon à main. A , le poinçon acéré. B , le manche.
35. Gros paffe-corde. A , l'œil acéré. B , la tige. C , le manche.
36. Petit paffe-corde. A , l'œil acéré. B , la tige. C , le manche.
37. Serre-attache. A , la fourchette acérée. B , la tige. C , le manche.
38. Tire-bourres. A A , les tire-bourres. B , la tige.
39. Rembourroir. A A , les rembourroirs. B , la tige.
40. Rembourroir à main A , le rembourroir à œil. B , la ligne. C , le manche.
41. Lime d'Allemagne carrelette. A , la lime. B , le manche.
42. Lime d'Allemagne demi-ronde. A , la lime. B , le manche.
43. Lime d'Allemagne tiers-point. A , la lime. B , le manche.
44. Lime d'Allemagne queue de rat. A , la lime. B , le manche.
45. Rape carrelette. A , la rape. B , le manche.
46. Rape demi-ronde. A , la rape. B , le manche.
47. Rape queue de rat. A , la rape. B , le manche.
48. Pinces à deux. A A , les mords. B , l'œil. C C , les mains.
49. Pinces rondes. A A , les mords. B , l'œil. C C , les mains.
50. Pinces plates. A A , les mords. B , l'œil. C C , les mains.
51. Tenailles ou triquoifes. A A , les mords. B , l'œil. C C , les mains.
52. Tenailles à vis. A A , les mords. B , les yeux. C C , les tiges. D , la charniere. E , le reffort. F , la vis. G , l'écrou à oreille.

PLANCHE XXV.

Fig. 53. Rainette à vis. A , le taillant acéré. B , la vis. C , le manche.
54. Scie à main. A , la fcie acérée. B , le manche.
55. Liffoir.
56. Cornette. A , la cornette. B , le manche.
57. Forces. A A , les taillans acérés. B , le reffort.
58. Gros cifeaux. A A , les taillans acérés. B , l'œil. C C , les mains.
59. Petits cifeaux. A A , les taillans acérés. B , l'œil. C C , les anneaux.
60. Vrille. A , la meche. B , le manche.
61. Tarriere. A , la meche. B , le manche.
62. Couteau à pié droit. A , le taillant. B , la tige droite. C , le manche.
63. Couteau à pié coudé. A , le taillant. B , la tige coudée. C , le manche.
64. Etui de cuir des couteaux à pié.
65. Compas. A , la tête. B , les pointes.
66. Gâteau de plomb.
67. Clé droite. A A , les yeux. B , la tige.
68. Clé ceintrée. A A , les yeux. B , la tige.
69. Clé en effe. A A , les yeux. B , la tige.
70. Pierre à aiguifer. A , la pierre. B , la châffe. C , le manche.
71. Toife ou aune pliante.
72. Pié de roi.

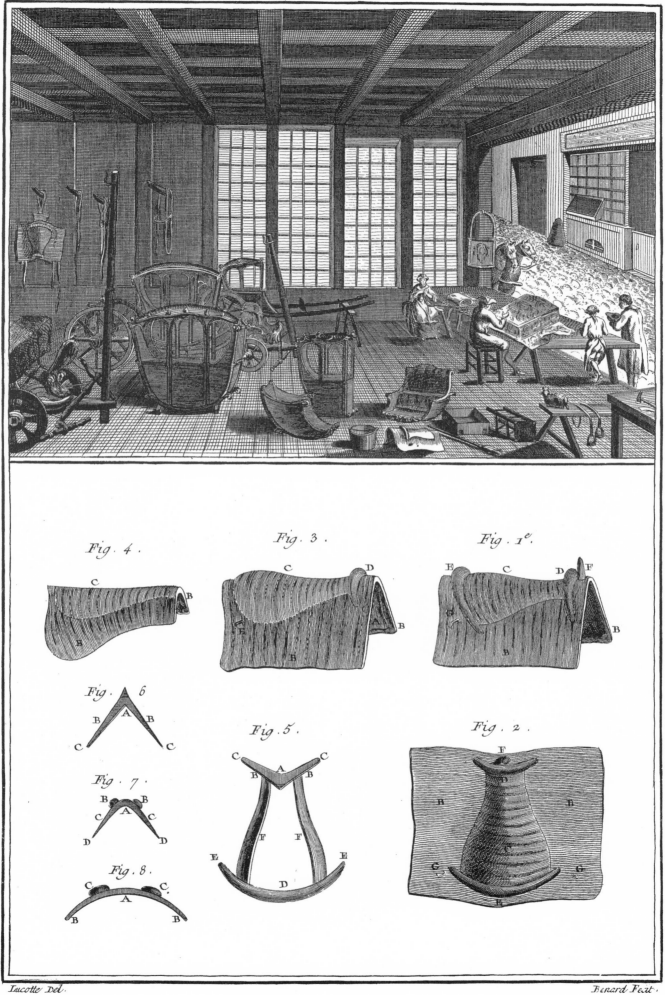

Pl. I.

Fig. 4.

Fig. 3.

Fig. 1.ᵉ

Fig. 6

Fig. 7.

Fig. 5.

Fig. 8.

Fig. 2.

Lucotte Del.

Benard Fecit.

Sellier - Carossier, Selles.

Pl. II.

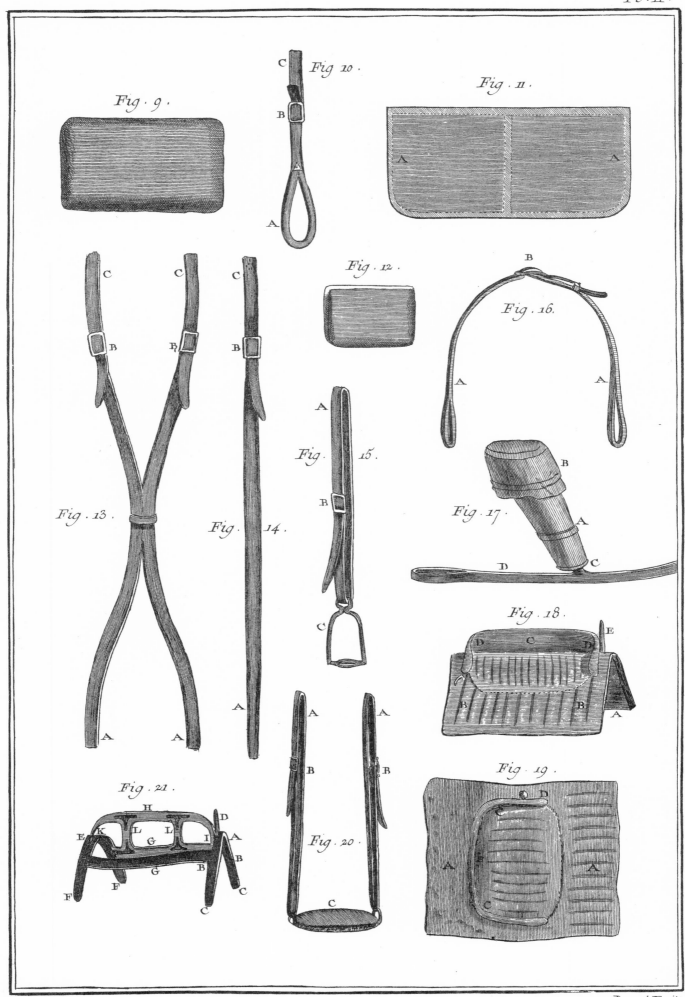

Fig. 9. Fig. 10. Fig. 11. Fig. 12. Fig. 13. Fig. 14. Fig. 15. Fig. 16. Fig. 17. Fig. 18. Fig. 19. Fig. 20. Fig. 21.

Lucotte Del.

Benard Fecit.

Sellier - Carossier, Selles

Pl. III.

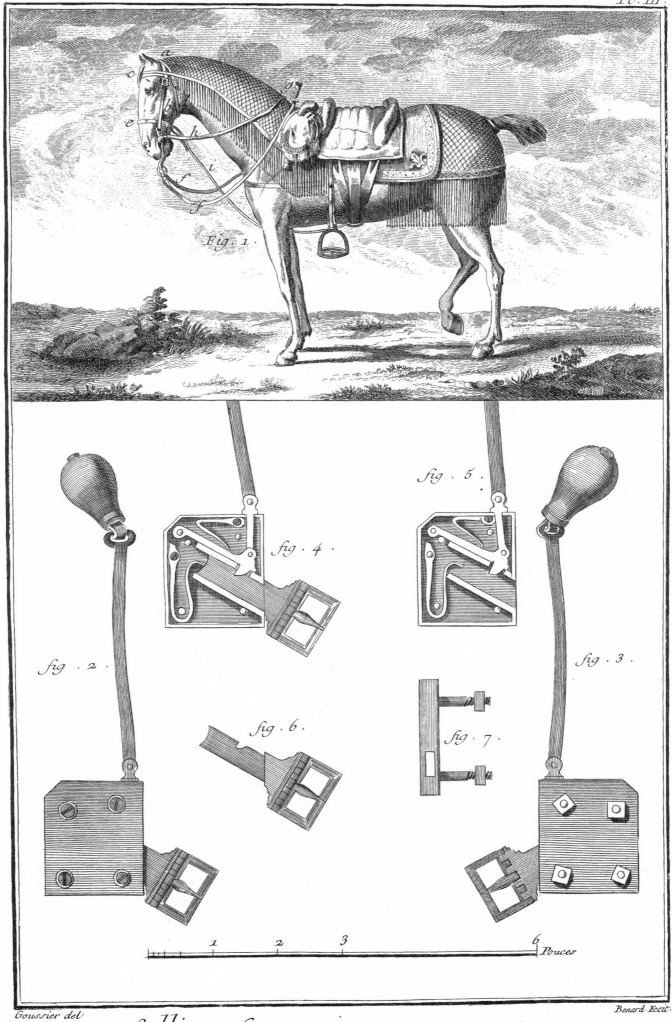

Fig. 1.

fig. 5.

fig. 4.

fig. 2.

fig. 6.

fig. 7.

fig. 3.

1   2   3   6 *Pouces*

Goussier del

Benard Fecit.

Sellier - Carossier, Equipage du Cheval de Selle.

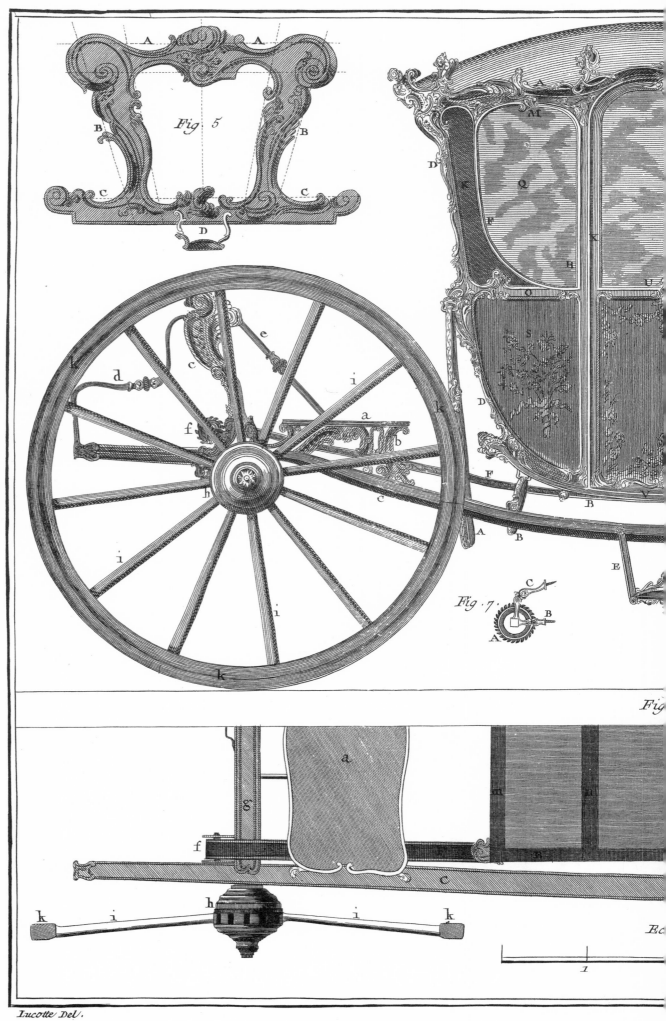

Fig 5

Fig. 7

Fig

Sellier - Carossier

Pl. IV.

Fig. 4.

Fig. 1ᵉ.

Fig. 3.

Fig. 6.

3   4   5

Benard Fecit.

Berline ou vis-à-vis à deux Fonds.

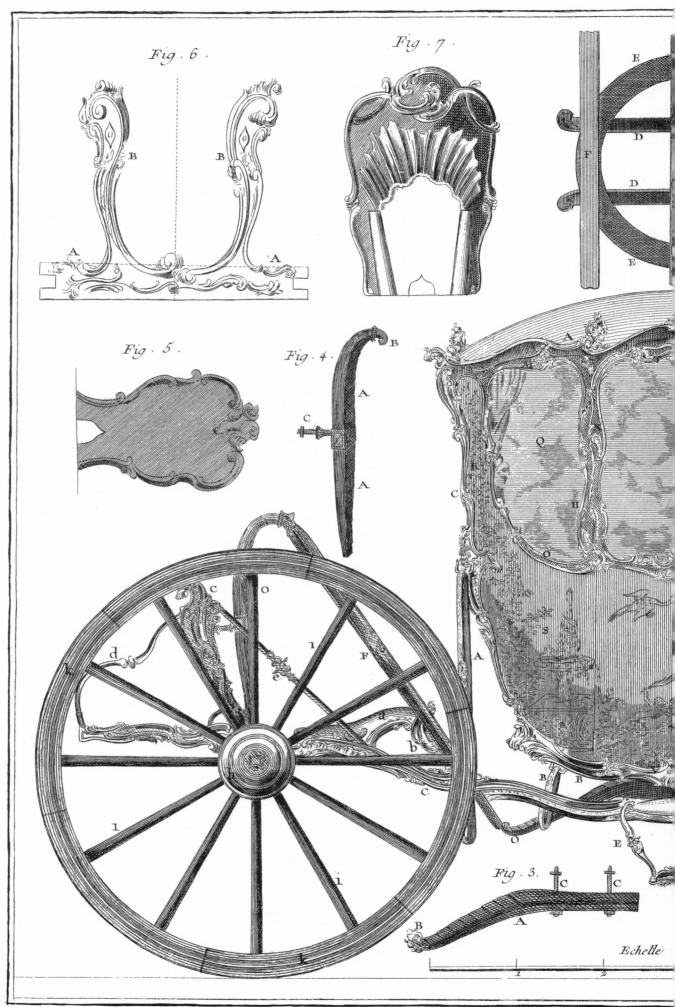

Fig. 6.

Fig. 7.

Fig. 5.

Fig. 4.

Fig. 3.

Echelle

Lucotte Del.

Sellier - Carossier, Ber

Pl. V.

Fig. 8.

Fig. 9.

Fig. 1.

Fig. 2.

ix Pieds

4 · 5 · 6

Benard Fecit

e ou vis-à-vis à panneaux arrasés.

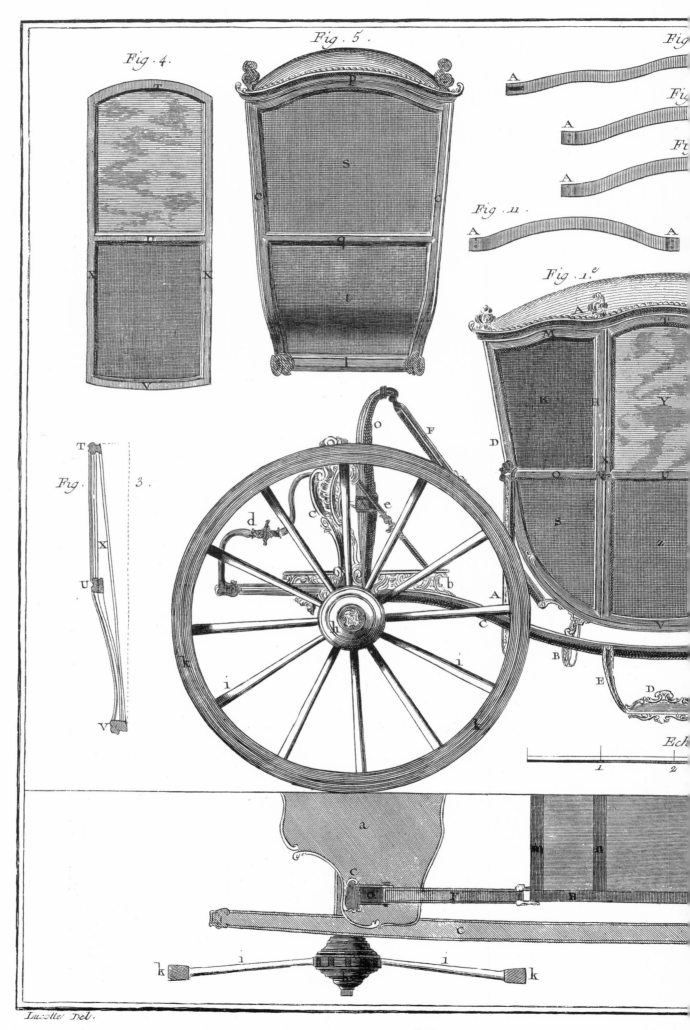

Fig. 4.

Fig. 5.

Fig. 11.

Fig. 1.ᵉ

Fig. 3.

Sellier - Carossier, Be

PL. VI.

Fig. 6.

Fig. 10.

Fig. 2.

de 5 Pieds.

3   4   5

Benard Fecit.

ine de Campagne à Cul de Singe.

Fig. 4.

Fig. 7.

Fig. 9.

Fig. 8.

Fig. 6.

Fig.

Echelle

Lucotte Del.

Sellier - Carossier, Ber

Pl. VII.

Fig. 3.

Fig. 5.

Fig. 1ᵉ.

6 Pieds

4   5   6

Benard Fecit.

de Campagne à 4 Portieres.

Fig. 5.

Fig. 2

Echel

Sellier - Carossie

Lucotte Del.

Pl. VIII.

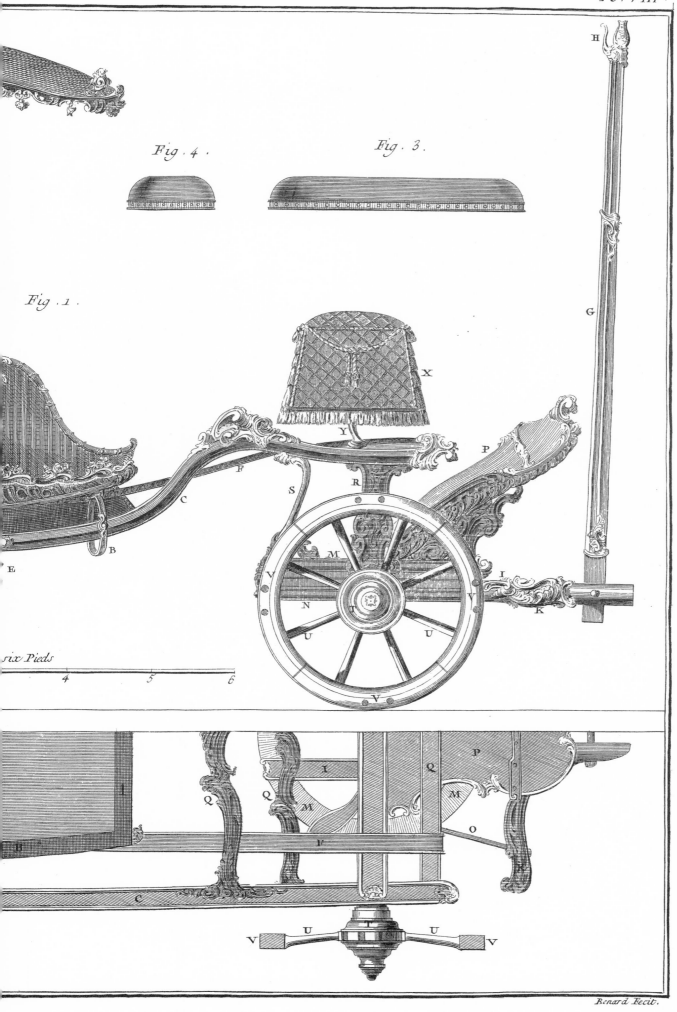

Fig. 4.

Fig. 3.

Fig. 1.

six Pieds

Benard Fecit.

Caleche en Gondole.

Fig.

A

Fig. 6.
A   A

Fig. 3.

p

s

c   c

q

l

Fig

A

g

X

H

o

s

X

D

A

d

k   A

k

F

B   B

k   o

i

i   E

h

i   i

i

k

Fig

f

k   i   i   k

h

Echelle

1   2

Sellier - Caross

Pl. IX

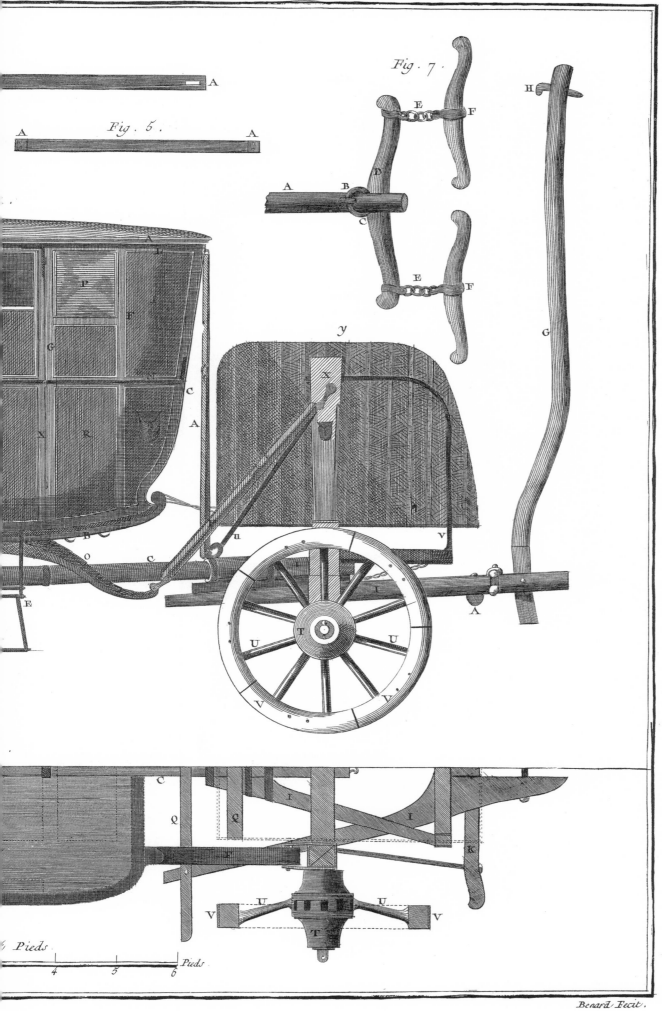

Fig. 5.

Fig. 7.

Pieds

Pieds

4   5   6

Benard Fecit.

, Diligence de Lyon.

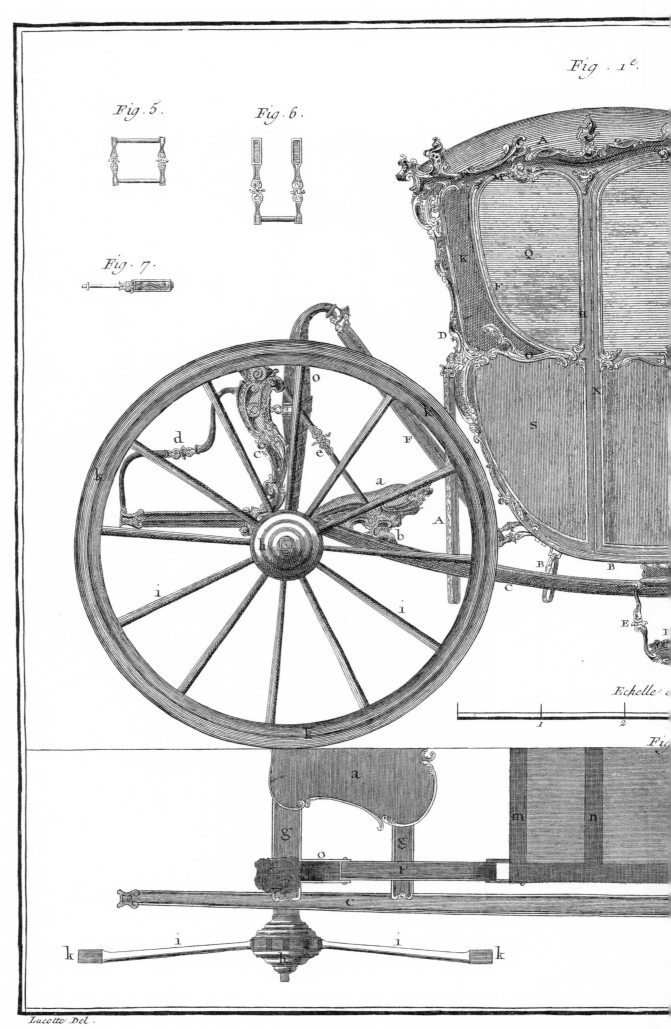

Fig. 5.

Fig. 6.

Fig. 7.

Fig. 1ᵉ.

Echelle

Lucotte Del.

Sellier-Carossier,

Pl. X.

Fig. 3.

Fig. 4.

Pieds.

Diligence à cul de Singe.

Benard Fecit.

Fig. 3.

Fig. 1.

Echelle

Fig. 2.

Lucotte Del.

Sellier Carossier, Dilige

Pl. XI.

Fig. 4.   Fig. 5.

Benard Fecit.

...ontée sur des Cordes 'a Boyeau.

Fig. 4.

Fig.

Fig.

Echelle

Lucotte Del.

Sellier - Car

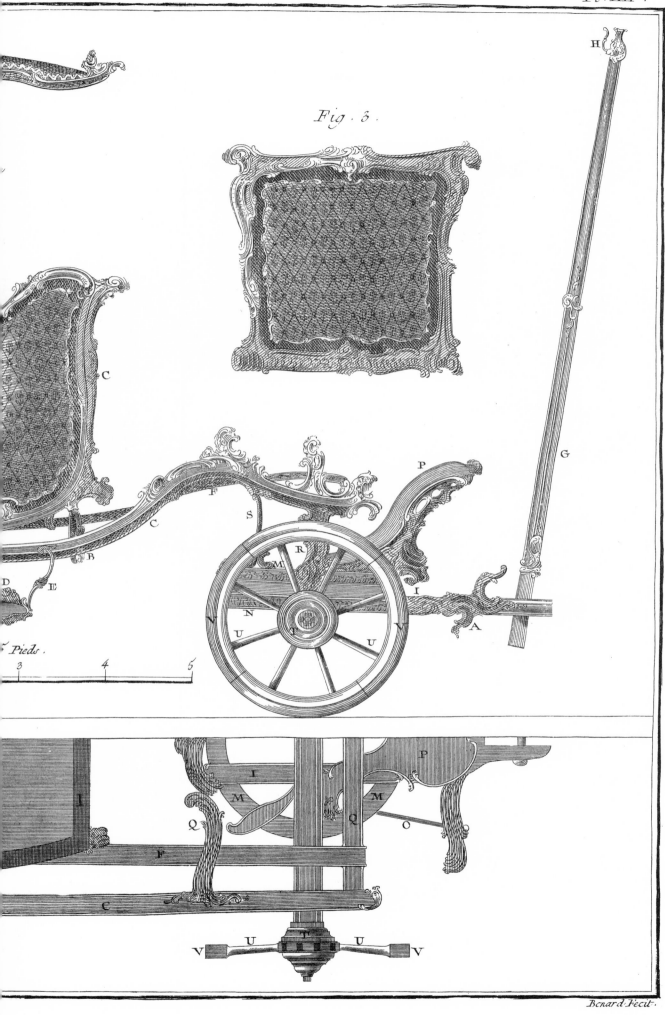

Pl. XII.

Fig. 3.

H

G

P

F

S

C

B

D   E

R

M

N

N   U   T   U   V   A

I

Pieds.

3   4   5

P

I

M   M   O

I   Q   Q

F

C

V   U   T   U   V

Benard Fecit.

ssier Diable

Fig. 12.

Fig. 11.

Fig. 1ᵉ

Fig. 3

Lucotte Del.

Sellier-Carosse

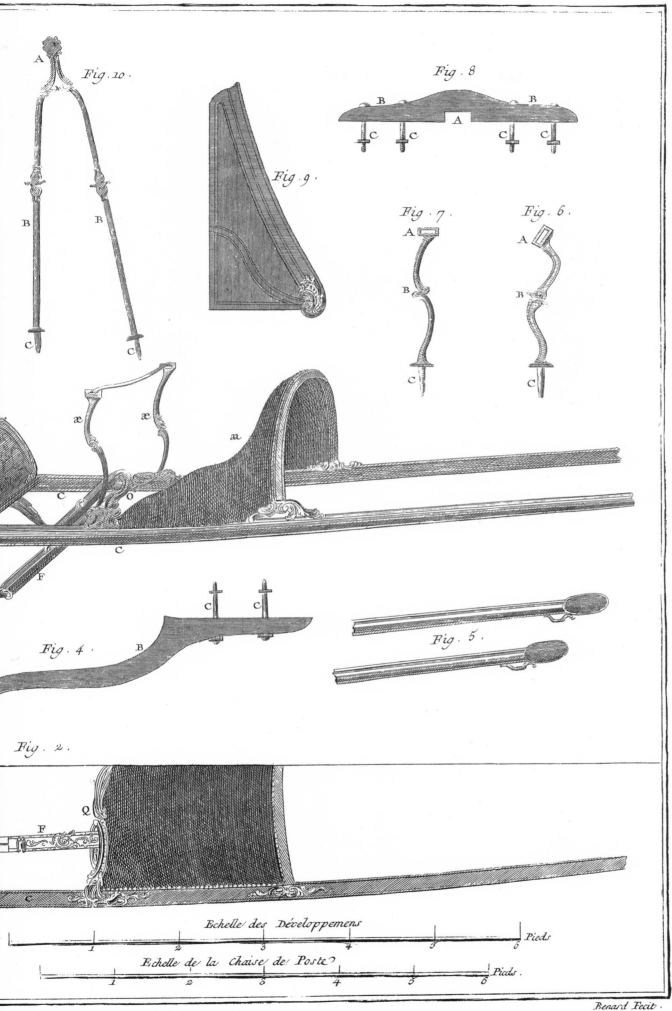

Pl. XIII.

Fig. 10.

Fig. 9.

Fig. 8.

Fig. 7.

Fig. 6.

Fig. 4.

Fig. 5.

Fig. 2.

Echelle des Développemens

Pieds

Echelle de la Chaise de Poste

Pieds.

Benard Fecit.

Chaise de Poste à l'Ecreviße.

Fig. 1.*

Fig.

Fig. 2.

Lucotte Del.

Sellier - Carossier,

Pl. XIV.

Fig. 8.

Fig. 7.

Fig. 6.

Fig. 5.

Fig. 4.

Pieds

1   2   3   4   5   6

Benard Fecit.

Chaise de Poste à cul de Singe.

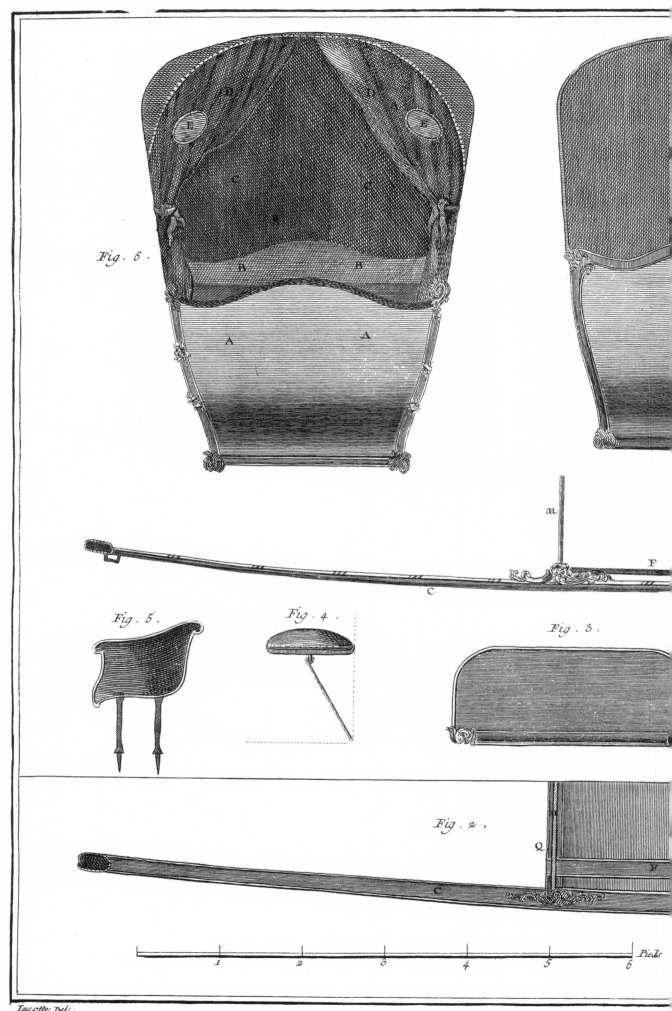

Fig. 6.

Fig. 5.

Fig. 4.

Fig. 3.

Fig. 2.

aa

C

F

Q

F

C

Piels

1   2   3   4   5   6

Tucotte Del.

Sellier - Caros

Pl. XV

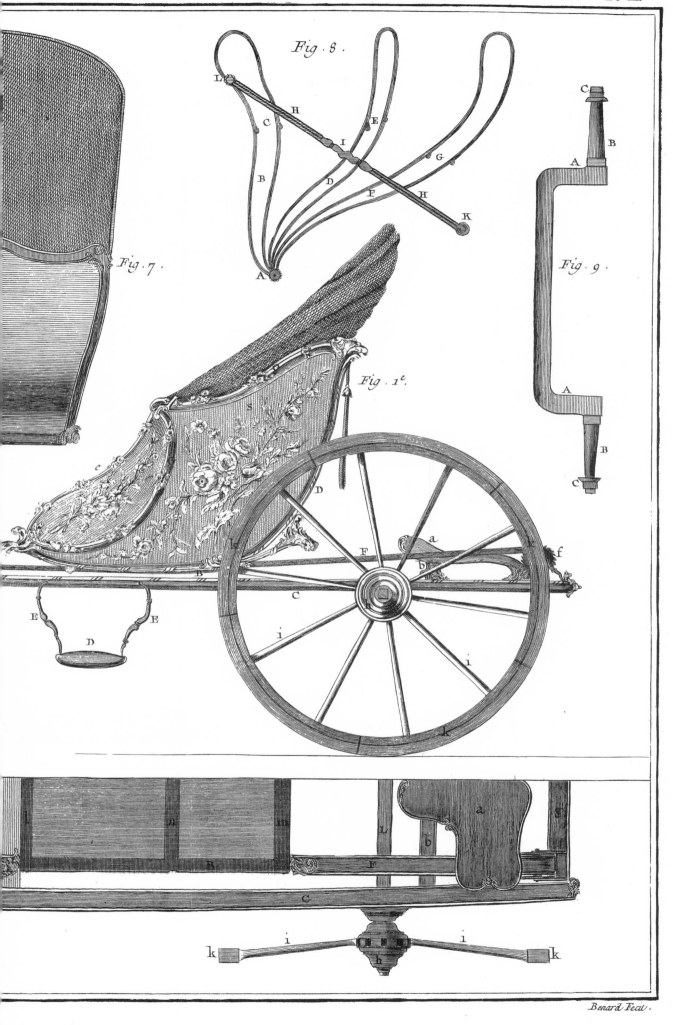

Fig. 8.

Fig. 7.

Fig. 1ᵉ.

Fig. 9.

Benard Fecit.

Chaise ou Cabriolet.

Fig. 4.

Echelle

Sellier - Carossi

Pl. XVI.

Fig. 3.

Pieds.

3   4   5

Cabriolet à quatre Roües.

Fig. 1.^e

Echelle de la Fig. 1e.

Fig.

Fig.

Echelle

Lucotte Del.

Sellier - Carossier, Carosses

Pl. XVII.

Fig. 2.

Echelle de la Fig 2.

g. 3 et 4.

Pieds.

Benard Fecit

Jardin et Vource ou Voiture de chaße.

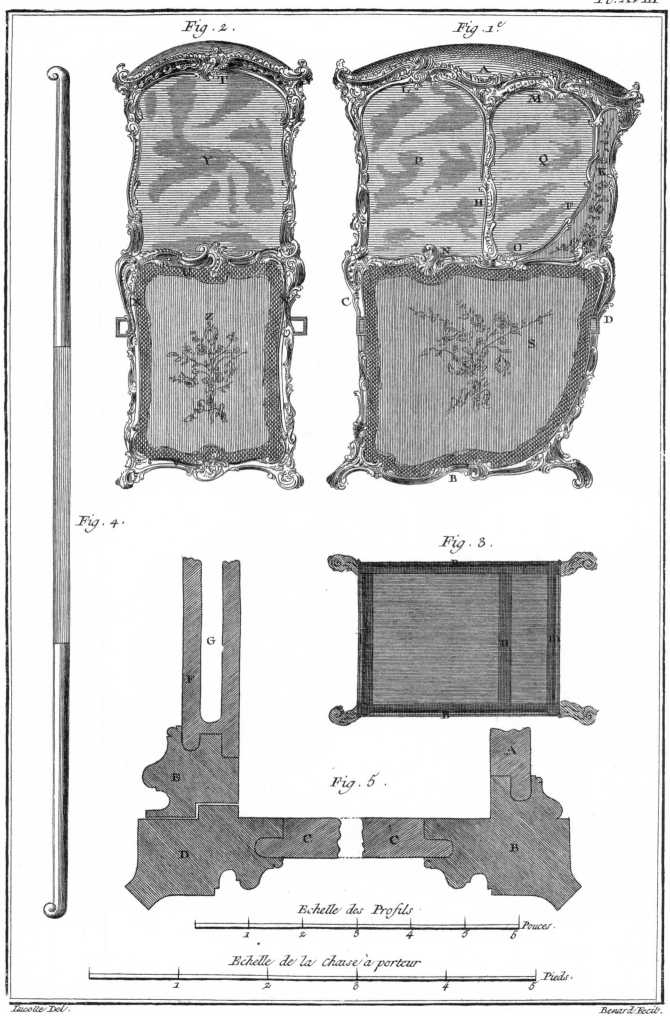

Pl. XVIII

Fig. 2.

Fig. 1.^e

Fig. 4.

Fig. 3.

Fig. 5.

Echelle des Profils

1   2   3   4   5   6   Pouces.

Echelle de la chaise à porteur

1   2   3   4   5   Pieds.

Lucotte Del.

Benard Fecit.

Sellier - Carossier, Chaise à porteur.

Pl. XIX

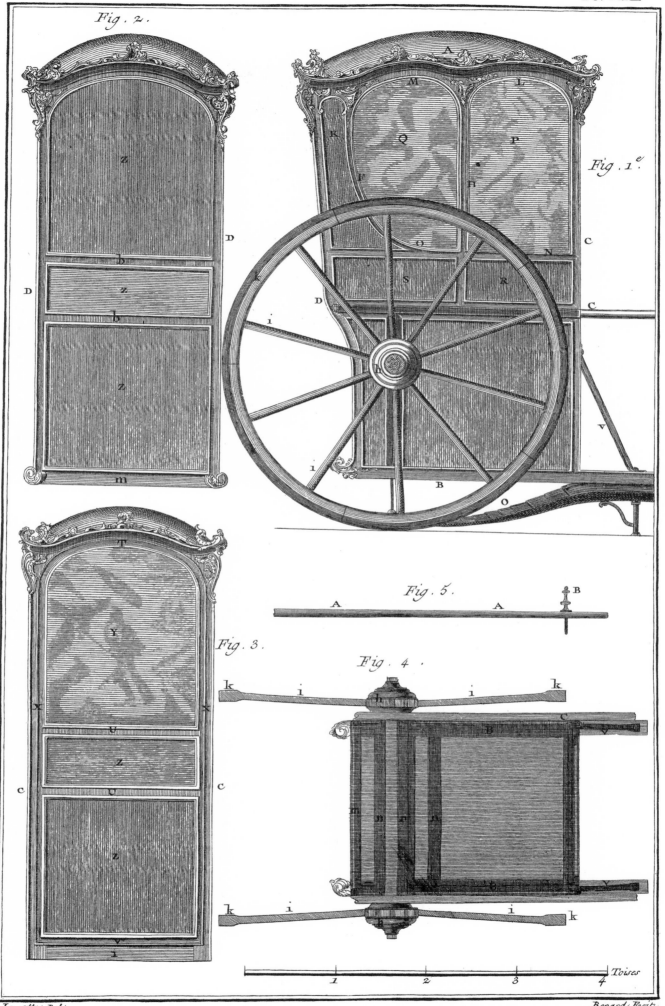

Fig. 2.

Fig. 1.ᵉ

Fig. 3.

Fig. 5.

Fig. 4.

Toises

1   2   3   4

Lucotte Del.

Benard Fecit.

Sellier - Carossier, Brouette.

Pl. XX

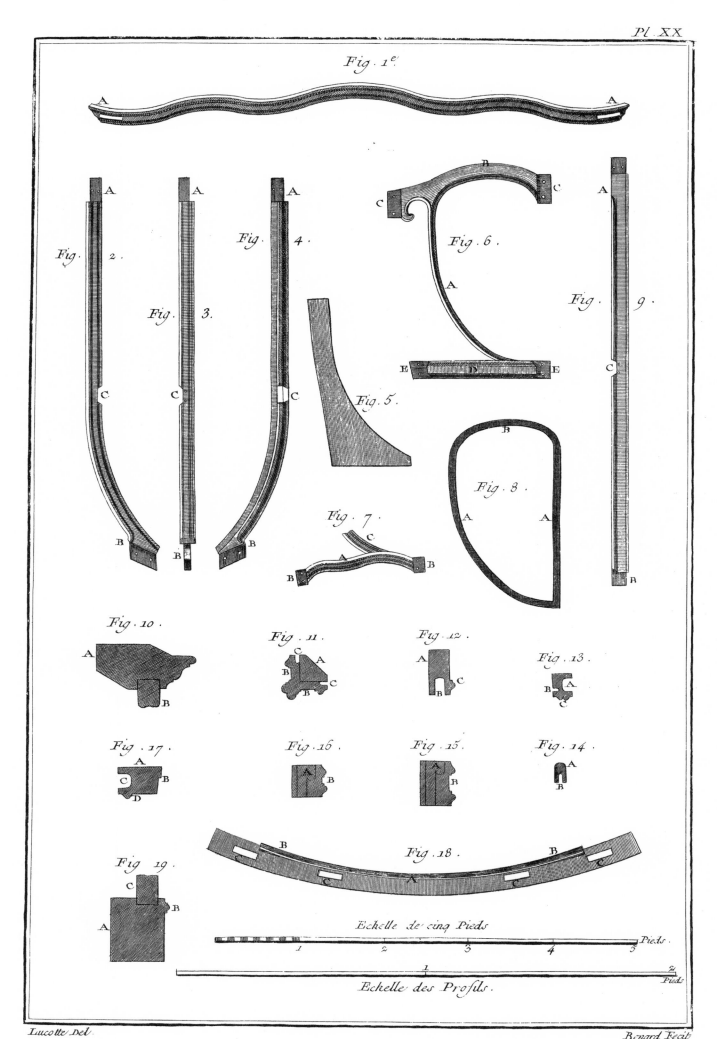

Fig. 1.ᵉ

Fig. 2.

Fig. 3.

Fig. 4.

Fig. 5.

Fig. 6.

Fig. 7.

Fig. 8.

Fig. 9.

Fig. 10.

Fig. 11.

Fig. 12.

Fig. 13.

Fig. 17.

Fig. 16.

Fig. 15.

Fig. 14.

Fig. 18.

Fig. 19.

Echelle de cinq Pieds

1   2   3   4   5   Pieds.

1

2

Echelle des Profils.

Lucotte Del.

Benard Fecit.

Sellier-Carossier, Développemens et leurs Profils.

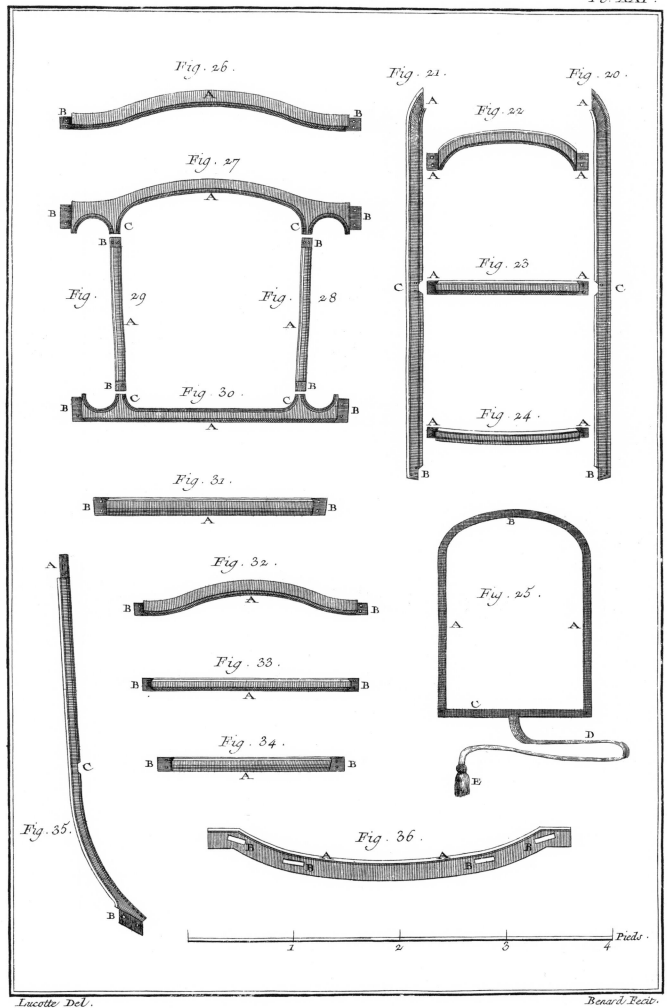

Pl. XXI.

Fig. 26.

Fig. 21.

Fig. 20.

Fig. 22.

Fig. 27.

Fig. 23.

Fig. 29.

Fig. 28.

Fig. 24.

Fig. 30.

Fig. 31.

Fig. 25.

Fig. 32.

Fig. 33.

Fig. 34.

Fig. 35.

Fig. 36.

Pieds.

1   2   3   4

Lucotte Del.

Benard Fecit.

Sellier - Carossier, Développemens.

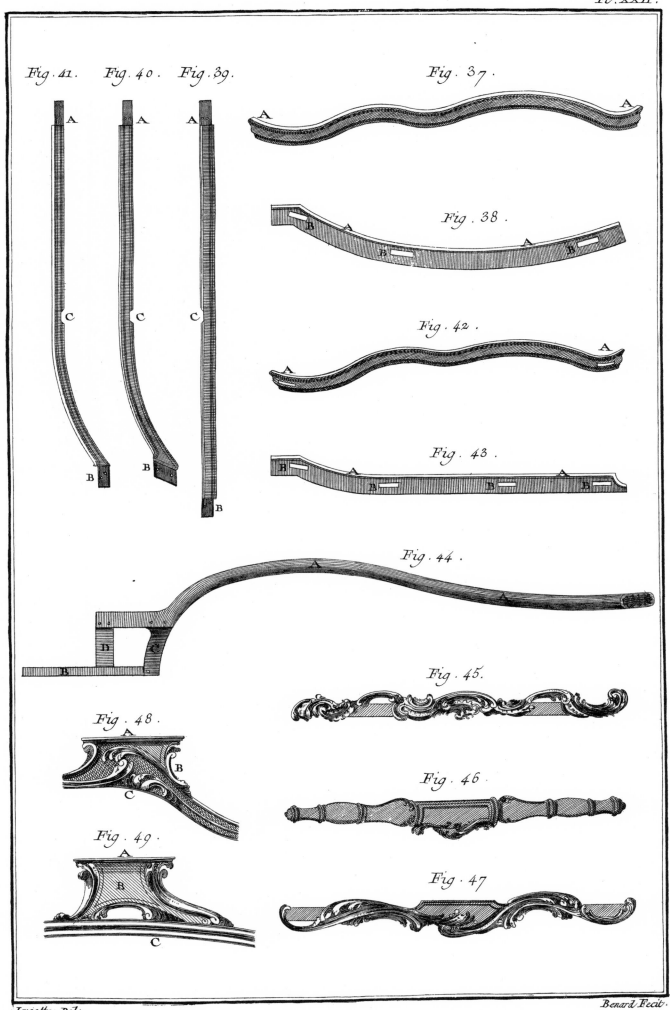

Pl. XXII.

Fig. 41.   Fig. 40.   Fig. 39.   Fig. 37.

Fig. 38.

Fig. 42.

Fig. 43.

Fig. 44.

Fig. 45.

Fig. 48.

Fig. 46.

Fig. 49.

Fig. 47.

Sellier - Carossier, Développemens.

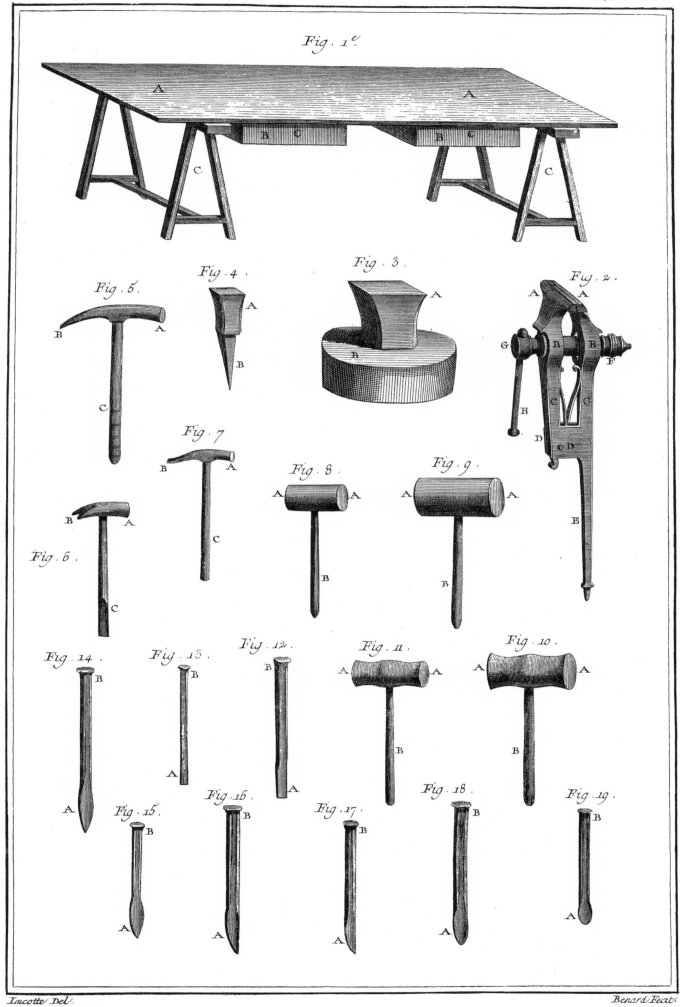

Pl. XXIII.

Sellier-Carossier, *Outils.*

Lucotte Del.

Benard Fecit.

Pl. XXIV.

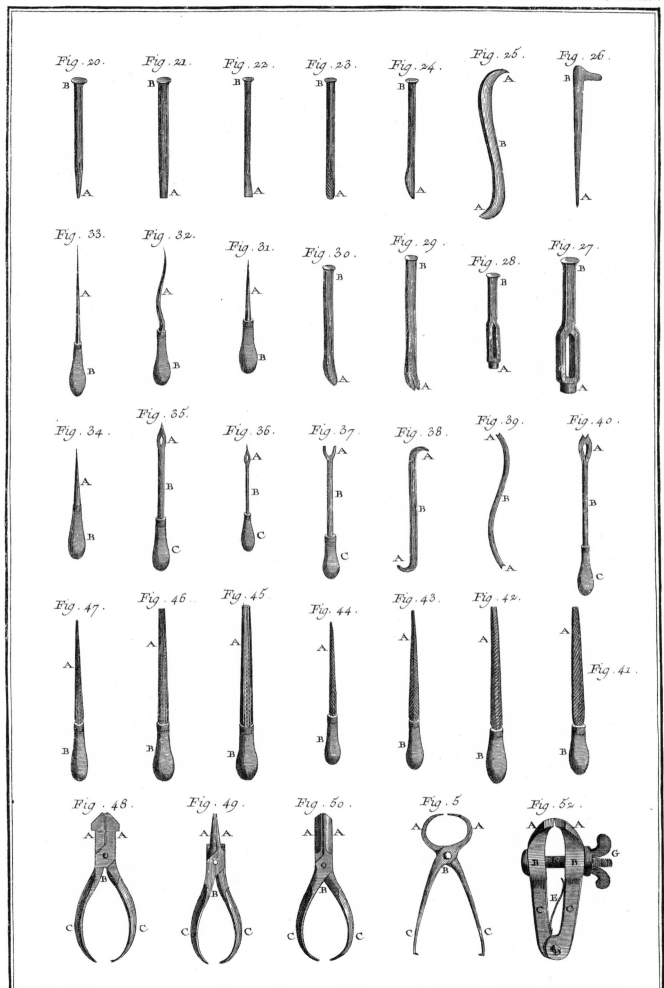

Lucotte Del.

Benard Fecit.

Sellier - Carossier, Outils.

Pl. XXV

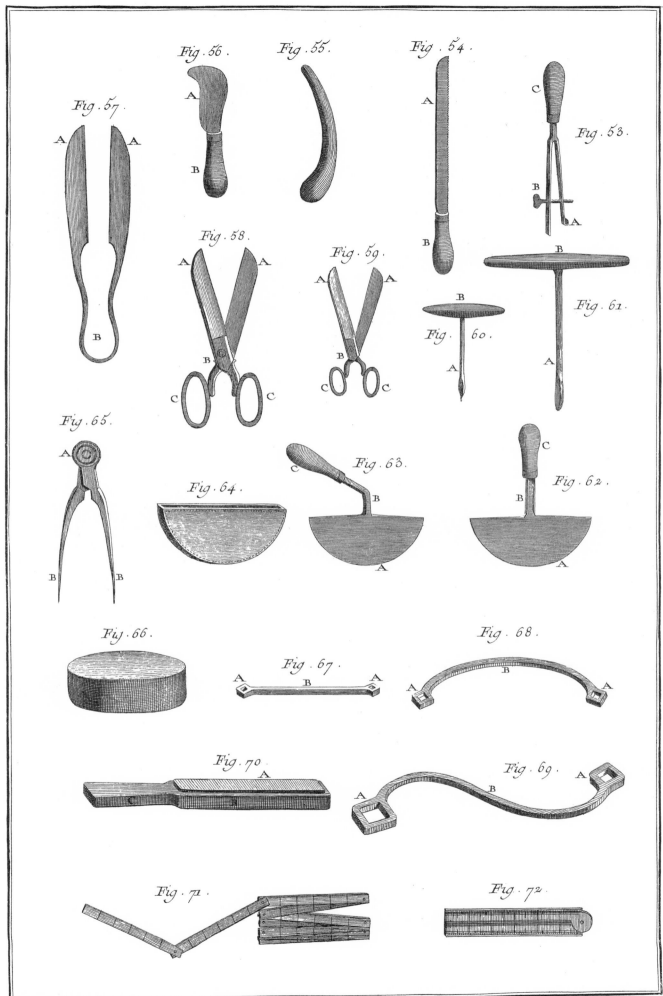

Sellier - Carossier, Outils.

Achevé d'imprimer
par MAME Imprimeurs à Tours
Dépôt légal : septembre 2001 (N° 01052208)